Dieses Buch gehört:

....

Kleine Geschichten,

die Kindern helfen

Mit Illustrationen von Ines Markowski

gondolino

© gondolino in der Gondrom Verlag GmbH, Bindlach 2004
Reihenlogo: Klaus Kögler
Umschlagillustration: Albert Kokai
ISBN 3-8112-2422-0

011

Alle Rechte vorbehalten:
Kein Teil dieses Werkes darf ohne schriftliche Einwilligung des Verlages
in irgendeiner Form (Fotokopie, Mikrofilm oder ein anderes Verfahren)
reproduziert werden oder unter Verwendung elektronischer Systeme
verarbeitet, vervielfältigt oder verbreitet werden.

Der Umwelt zuliebe gedruckt auf chlorfrei gebleichtem Papier.

Inhalt

Dem Mutigen gehört die Welt 11

Tierische Unterstützung 26

Die Karottengabi 37

Fest stehen 50

Lena im Reich der Elfen 64

Der Schatten 76

Die mutige Johanna 91

Als Markus verloren ging 102

Alter Teddy, neue Puppe 114

Zahnschmerzen 128

Das Krankenhausgespenst 139

Hasenherz 150

Prinz von der Meulen 165

Dem Mutigen gehört die Welt

Samstag war Felix mit seinen Eltern und seinem Hund Strolch zum Picknick an den kleinen See im Wald gefahren. Sie machten das oft am Wochenende. Mama und Papa sagten immer, sie bräuchten mal etwas Ruhe, einfach raus aus der Stadt, aufs Land. Dahin, wo alles noch so friedlich ist.

Es war ein schöner Spätsommertag, Libellen schwirrten in der Luft über dem See, lauwarmer Wind streifte das kniehohe Gras am Ufer. Mama legte ein Decke aus, und Papa stellte die Kühltasche auf. Gemeinsam würden sie später Kartoffelsalat und kalte Würstchen essen. Darauf freute Felix sich.

Aber im Moment freute er sich nicht. Kein bisschen. Er ärgerte sich. Denn er hatte seinen Walkman und die neue Abenteuerkassette vergessen. Das war ihm aber erst so spät eingefallen, dass sein Vater sagte, dass sie nun ganz bestimmt nicht mehr umdrehen würden. Schließlich gäbe es am See so viele Dinge zu entdecken.

Kleine Geschichten, die Kindern helfen

Aber als Felix jetzt am Ufer stand und auf den See hinaussah, stellte er fest, dass es nichts zu entdecken gab. „Nichts, was ich nicht schon hundertmal gesehen habe. Überhaupt ist der See doof." Ihr merkt schon, Felix langweilte sich.

Strolch raste schnüffelnd durch das Gras, manchmal sprang er auf allen Vieren hoch, und seine Ohren schlappten wie nasse Lappen um den Kopf. Felix' Eltern redeten. Erwachsenengespräche.

„Und das willst du wirklich machen?", fragte seine Mutter gerade.

„Dem Mutigen gehört die Welt", antwortete sein Vater. Erwachsenengespräche. Felix langweilte sich. Doch dann sah er plötzlich das Kaninchen vorbeihoppeln. Besser als nichts, dachte Felix und ging dem Kaninchen nach.

„Du gehst aber nicht in den Wald! Hörst du?", rief seine Mutter ihm nach.

12

Felix antwortete: „Nee." Das Kaninchen blieb sitzen und sah Felix mit braunen Murmelaugen an. Es schien keine Angst zu haben. Felix ging langsam darauf zu. Als er noch zwei Schritte entfernt war, hüpfte das Kaninchen zur Seite. Also gut, wenn du spielen willst, dachte Felix und folgte ihm.

Wieder saß das Kaninchen, hob und senkte den Kopf und schien gar nicht auf Felix zu achten. Es begann, an dem Klee zu knabbern, mümmelte ein wenig und hob seine Nase rümpfend in den Wind. „Riechst du den Hund? Der ist weit weg", flüsterte Felix und streckte seinen Arm aus. Als er glaubte, das Kaninchen gleich zu haben, hoppelte es mit zwei Sprüngen zur Seite.

So ging es weiter. Immer wieder blieb das Kaninchen sitzen und ließ Felix an sich herankommen, nur um im letzten Moment doch wieder fortzuhoppeln. Erst als Felix mit seinem Kopf an einen armdicken Zweig stieß, merkte er, dass er im Wald war. Nicht weit. Nur ein paar Schritte. Wenn er sich umdrehte, konnte er noch die Wiese sehen und dahinter flirrte der See. „Ich darf nicht weiter", sag-

13

Kleine Geschichten, die Kindern helfen

te Felix zu dem Kaninchen, das ein paar Meter entfernt auf einem Mooshügel saß und ihn erwartete.

„Na gut, aber nur noch bis da", sagte er dann aber und ging zu dem Hügel. Natürlich hoppelte das Kaninchen den Hügel auf der anderen Seite herunter. Da war ein Bach, den Felix nicht kannte. Und wie schön das aussah, der glasklare Waldbach glitzerte wie eine Perlenkette im Dunkel des Waldes.

Ob es hier wohl Fische gibt?, überlegte Felix. Noch bevor er zu Ende gedacht hatte, hockte er bereits am Ufer und betrachtete das Wasser. Ja, dort, genau vor ihm, da hatte sich doch etwas bewegt. Oder? Er sah noch einmal genau hin. Aber das Sonnenlicht, das durch die hohen Bäume fiel, glitzerte so stark auf dem Wasser, dass es unmöglich war, etwas zu erkennen. Felix ging ein paar Meter bergauf, bis der Bach zwischen dichtem Gestrüpp verschwand. Hier konnte er besser sehen.

Tatsächlich waren da Fische, aber nur ganz kleine, die in der Strömung trieben. Stichlinge, dachte Felix, denn die hatte er vor kurzem im Fernsehen

Dem Mutigen gehört die Welt

gesehen. Und wo Stichlinge sind, da waren bestimmt auch größere Fische.

Felix ging noch ein paar Meter. Wieviele es genau waren, konnte er später nicht mehr sagen. Da, am anderen Ufer stand ein großer silbrig glänzender Fisch seelenruhig in der Strömung. Ganz langsam ging Felix in die Knie, legte sich vorsichtig auf den Bauch, um den Fisch nicht zu erschrecken Wie ein grün-silberner Pfeil schwebte er über den Kieseln.

Und wie herrlich der Boden hier roch. Das war Moos, und das waren Blätter vom vorigen Jahr. Plötzlich gefiel es Felix hier. Ja, der Nachmittag würde doch schön werden.

Da raschelte es hinter ihm. Felix drehte sich um und nahm aus dem Augenwinkel wahr, wie der große Fisch mit ein paar kräftigen Bewegungen davonschwamm. Hinter ihm saß das Kaninchen. „Na, da bist du ja. Ich hatte dich schon ganz vergessen." Felix stand auf und ging auf das Kaninchen zu. Aber es hoppelte schon wieder weiter, und Felix folgte ihm.

„Nicht so schnell", sagte Felix leise, um die Stille des Waldes nicht zu stören. Doch war der Wald wirklich still? Jetzt, als er stehen blieb, achtete Felix zum ersten Mal auf die Geräusche. Nein, still war es hier nicht, aber eine angenehme Ruhe herrschte. Manchmal knackte ein Ast und raschelten Blätter, wenn ein Eichhörnchen von Baum zu Baum sprang, weit entfernt hackte ein Specht in einen Baum, über ihm zwitscherten kleine Vögel mit roten Bäuchen, und da vorne tanzten fünf bunte Schmetterlinge in den Sonnenstrahlen.

Felix sah den Schmetterlingen hinterher, bis die Sonnenstrahlen verschwanden. Jetzt sahen die Schmetterlinge nicht mehr farbenprächtig aus sondern eher grau und träge wie Motten.

Überhaupt, als Felix sich jetzt umsah, stellte er fest, dass hier gar nichts mehr farbig war. Der Boden war mit altem trockenen Laub und abgerissenen Zweigen übersät, die Bäume waren rissig, mit faulem Moos überzogen und ihr Blätterdach so dicht, dass kein Sonnenstrahl mehr in den Wald drang.

Kleine Geschichten, die Kindern helfen

Wie war er nur hierhin gekommen?, fragte er sich. Und dann fiel ihm die viel wichtigere Frage ein: Wie komme ich hier wieder raus?

Ganz einfach: Er musste nur den Weg zurückgehen, den er gekommen war. Nur, da war kein Weg, nicht mal eine Spur im vertrockneten Laub. Felix drehte sich im Kreis. Hier sah alles gleich aus. Jeder dieser Riesenbäume sah aus wie der andere. Überall nur Gestrüpp, das seine Dornenzweige in die dunkle, stickige Luft steckte. Wo war der Bach?

Du hast dich verlaufen, meldete sich eine Stimme in seinem Kopf. Nein. Habe ich nicht, dachte Felix trotzig zurück. Doch er wusste, dass es nicht stimmte.

Felix lief einfach los. Er hoffte, dass die Richtung stimmen würde. Aber nach einiger Zeit war es um ihn herum noch dunkler, und die Stimme meldete sich wieder: Tja, jetzt steckst du ganz schön im Schlamassel. Felix drehte sich um: graue Bäume, gefährliches Gestrüpp, unheimliche Dunkelheit. „Tu ich nicht", sagte Felix und erschrak, als er seine Stimme in dem stillen Wald hörte. Denn hier war

Dem Mutigen gehört die Welt

der Wald wirklich still. Kein Geräusch drang durch das Dickicht. Nur das schneller werdende Pochen seines Herzens dröhnte ihm in den Ohren.

Ihm wurde mulmig. Denn dunkle Wälder sind voller Dinge, vor denen man sich fürchtet. Hinter jedem Baum steckt etwas anderes, vor dem man Angst hat. Seine Hände begannen zu schwitzen, und sein Hals war ausgetrocknet. Da! Ein Rascheln! Hinter dem Baum. Oder war es hinter dem Busch? Vielleicht kam es auch von dort drüben. Felix konnte es nicht genau sagen. Und was viel schlimmer war, er hatte auch keinen blassen Schimmer, was es gewesen sein könnte. Ein Wolf? Gab es hier Wölfe? Und fielen die kleine Jungs an?

Klar, fallen die kleine Jungen an. Das weißt du genau, sagte die Stimme in seinem Kopf. Felix schüttelte verzweifelt seinen Kopf. „Nein!", flüsterte er, aber im Stillen dachte er: Bitte nicht.

Langsam sackte er an einem Baum herab und versteckte seinen Kopf zwischen den Knien. Er würde keinen Schritt mehr gehen. Jeder Schritt brachte ihn nur tiefer in den Wald und machte alles noch

Kleine Geschichten, die Kindern helfen

schlimmer. Ob seine Eltern ihn schon suchten? Felix traute sich nicht, nach ihnen zu rufen. Wenn es hier Wölfe gab, dann würden die ihn zuerst hören und hätten ihn zerfleischt, bevor seine Eltern auch nur in seine Nähe kamen.

Ich bleib hier sitzen, dachte er, bis sie mich finden. Keinen Schritt mehr. Bestimmt nicht. Da raschelte wieder etwas. Felix hob den Kopf ein wenig. Gerade genug, um über sein Knie hinwegsehen zu können. Und was er sah, gefiel ihm nicht. Es gefiel ihm ganz und gar nicht: Eine kleine golden schillernde Schlange wand sich über das Laub. Direkt auf ihn zu. „Die kleinen Schlangen sind die Giftigsten." Das hatte sein Freund Tobias ihm mal erzählt. Mit zitternden Beinen stand Felix auf, langsam, ganz langsam, um die Schlange nicht noch mehr zu locken. Und als er endlich stand und

noch einmal Luft geholt hatte, nahm er all seinen Mut zusammen. Dem Mutigen gehört die Welt, dachte er und rannte los.

Er rannte und rannte, die Schlange würde ihn bestimmt verfolgen. Wie schnell sind Schlangen eigentlich? Mindestens so schnell wie du, sagte die Stimme in seinem Kopf. Und Felix rannte schneller. Dornen rissen an seinem T-Shirt, ritzten ihm die Arme und tief hängende Zweige peitschten in sein Gesicht. Aber das war ihm egal. Er wollte nur weg. Die Wurzel, die eine Handbreit aus dem Boden wuchs, übersah er. Er stolperte und fiel lang hin. Er war sich sicher, direkt auf die Schlange gefallen zu sein. Er konnte sie spüren. Wie ihr glitschiger Körper unter sein T-Shirt kroch. Er hielt die Luft an. Wartete auf den Biss. Als nach einer Minute immer noch nichts passiert war, traute er sich endlich, die Augen zu öffnen.

Vor ihm lag ein umgestürzter Baum und unter ihm keine Schlange. Er war in Sicherheit. Oder? Hör mal genau hin!, befahl die blöde Stimme in seinem Kopf. Er horchte, er lauschte.

Kleine Geschichten, die Kindern helfen

Was er hörte, ließ die kalte Angst wieder in ihm aufsteigen. Ein Tier! Und dieses Mal war es ein großes Tier, es kam gerade auf ihn zu gerannt. Er konnte genau hören, wie schwere Pfoten auf den Waldboden klatschten, er hörte ein Grunzen, ein Schnaufen, ein Hecheln. Das war ein Wolf. Es war vorbei mit ihm.

Unter dem Baum entdeckte Felix eine kleine Vertiefung. Wenn er die erreichen konnte, wäre er gerettet. Vielleicht. Und schon spurtete er los. Das Trampeln des Tieres kam näher. Zehn Schritte noch, Felix flog beinahe, fünf, drei, zwei. Und er kugelte unter den Baumstamm. Viel zu spät fiel ihm auf, dass er jetzt in einer Falle saß, aus der es kein Entrinnen gab.

Das Biest würde ihn kriegen. Er wollte es nicht sehen. Felix drückte seine Arme über sein Gesicht. Er wollte nicht wissen, was ihn fraß. Das war ihm so was von egal. Und da war es auch schon. Schlechter Atem von altem Fleisch wehte in Felix' Gesicht. Das Biest schnüffelte an ihm herum. Es will sich Zeit nehmen, sagte die Stimme. Das Biest schob seine

22

Dem Mutigen gehört die Welt

Zunge aus dem riesigen Maul und schmeckte Felix' Angstschweiß.

Dann zog sich das Biest langsam zurück. Felix ließ die Arme noch eine Zeit lang vor seinem Gesicht. Nur um ganz sicher zu gehen. Als er endlich die Arme wegnahm, sah er seinen Hund Strolch, der mit wedelndem Schwanz vor dem Baumstamm herumsprang. Felix' Atem und Herz beruhigten sich langsam. „Oh Mann, bin ich froh,

Kleine Geschichten, die Kindern helfen

dich zu sehen", sagte Felix, kroch aus dem Loch und nahm Strolch in seine Arme. „So froh!"

Und jetzt, da sein Freund bei ihm war, erschien ihm der Wald nicht mehr finster und schrecklich. Jetzt konnte er endlich wieder klar denken, und die blöde Stimme in seinem Kopf verschwand. Dann fiel es ihm ein: Als er losging, hatte er die Sonne in seinem Rücken. Also musste er nur in Richtung Sonne gehen, um wieder zum See zurückzufinden. Sie gingen los. Keine zehn Minuten später kamen die zwei am See an. Seine Eltern saßen noch immer auf der Decke und unterhielten sich.

„Felix, endlich", sagte sein Vater, „wir wollen nämlich mit dem Essen anfangen."

„Wie siehst du denn aus?", fragte seine Mutter, während sie ihn von oben bis unten betrachtete. Das T-Shirt war schmutzig, die Arme blutig gekratzt, die Jeans über und über mit Dornen gespickt.

Doch bevor er antworten konnte, sah er das Ding: Die golden schimmernde Schlange rutschte über die Decke. Sie war ihm gefolgt. Felix kreischte, um seine Eltern zu warnen.

Dem Mutigen gehört die Welt

„Eine Blindschleiche!" Seine Mutter lachte. „Die tun nichts."

„Dem Mutigen gehört die Welt", sagte sein Vater, griff die Blindschleiche und setzte sie neben der Decke ins Gras.

„Ach, tu doch nicht so", sagte seiner Mutter, „hier draußen gibt es nichts Gefährliches."

Felix sah Strolch an, und der legte seinen Kopf schief. Die beiden wussten es besser.

Michael Engler

Tierische Unterstützung

Mit einem dumpfen, irgendwie endgültig klingenden Schlag fiel die Tür zur Zahnarztpraxis hinter Marius und Benny ins Schloss. Marius blieb wie angewurzelt stehen. Sein Mund war trocken, und seine Beine verweigerten beinahe den Dienst. Er war vier, das war erst sein zweiter Besuch beim Zahnarzt, und er hatte furchtbare Angst vor den Spritzen und dem Bohrer. Benny schubste seinen jüngeren Bruder zur Anmeldetheke, denn er merkte, dass Marius am liebsten auf der Stelle umgedreht hätte. Die Sprechstundenhilfe lächelte die beiden Jungen ermutigend an und nahm Marius' Versicherungskarte in Empfang.

„Wartet noch ein paar Minuten im Wartezimmer. Der Herr Doktor ist gleich so weit." Marius schlotterten die Knie. Hinter einer der verschlossenen Türen hörte er das unverkennbare Surren eines Bohrers. Der Schweiß trat ihm auf die Stirn, und seine Handflächen wurden auch ganz feucht.

Tierische Unterstützung

Benny öffnete lässig die Tür zum Wartezimmer und trat ein.

„Guten Tag," sagte er freundlich zu den wartenden Patienten. Benny konnte leicht freundlich sein, er musste ja nicht zum Zahnarzt. Er begleitete seinen kleinen Bruder nur. Steif folgte ihm Marius und setzte sich auf einen der vielen leeren Stühle. Benny nahm sich locker eine der ausliegenden Zeitschriften und blätterte darin. Marius schaute sich verstohlen um. Außer ihnen waren da noch eine ältere Dame mit hochtoupierten Haaren, ein blondes Mädchen mit ihrer Mutter und ein paar Männer in blauen Arbeitskitteln, die wohl gleich nach der Arbeit hergekommen waren. Alle machten einen gelangweilten Eindruck, jedenfalls konnte Marius bei keinem Nervosität erkennen. Das war wenigstens beruhigend. Das letzte, was Marius jetzt noch gefehlt hätte, war jemand, der genauso viel Angst vor dem Zahnarzt hatte wie er selbst. Er griff vorsichtig in die Innentasche seiner Jacke und tastete nach dem Fellknäuel, das er dort verstaut hatte. Behutsam streichelte er Goliath, seinen Hamster,

den er zur Unterstützung und Aufmunterung mitgenommen hatte. Selbst Benny hatte er nichts davon gesagt. Er wollte ja nicht wie ein Baby dastehen. Das würde ihm Benny noch monatelang vorhalten. Plötzlich raschelte es laut, und Goliath spitzte die Ohren. Das blonde Mädchen, das ein paar Stühle weiter saß, öffnete gerade eine Tüte mit Kartoffelchips.

„Also hör doch mal", empörte sich die ältere Dame. „Du kannst doch nicht vor einem Zahnarztbesuch noch etwas essen. Das ist doch unhygienisch. Da wird sich der Onkel Doktor freuen. Und dann auch noch so ungesundes Zeug. Das macht dir die ganzen Zähne kaputt!"

Die Mutter des Mädchens blickte gelangweilt von ihrer Zeitschrift auf und meinte lachend: „Wenn es Sie so sehr interessiert, nicht meine Tochter hat einen Termin beim Arzt sondern ich."

Tierische Unterstützung

Die ältere Dame warf der Mutter einen finsteren Blick zu.

„Zu meiner Zeit haben die Kinder anständige Sachen gegessen und nicht so einen Unsinn, wie er heute überall in der Werbung kommt und in den Supermärkten verkauft wird. Sie täten gut daran, ihr Kind nicht an so etwas zu gewöhnen. Erst essen sie Kartoffelchips, dann fangen sie das Rauchen und Trinken an. Das können Sie an jeder Straßenecke sehen. Also, die Jugend von heute ..." Sie schüttelte mit verkniffenem Gesicht den Kopf. Marius hatte sich so auf den Wortwechsel konzentriert, dass er Goliath ganz vergessen hatte. Er spürte plötzlich, wie der Hamster aus seiner Innentasche kletterte und sich an seinem Hosenbein heruntergleiten ließ. Er machte sich schnurstracks auf den Weg zu den Krümeln, die sich neben dem Stuhl des blonden Mädchens ansammelten. Wenn es irgendwo etwas zu Fressen gab, war Goliath nicht mehr zu halten. Marius sprang hinterher, aber Goliath war so wendig, dass er seinem Herrchen immer wieder ausweichen konnte. Der kleine Hamster wuselte

Kleine Geschichten, die Kindern helfen

zwischen den Beinen der alten Dame herum, und Marius robbte ihm hinterher. Die Frau sah ihn bestürzt an. Zum Glück hatte sie nicht mitbekommen, dass hier ein Hamster los war. Schon deshalb musste Marius das Tierchen wieder einfangen. Sonst würde er bestimmt Ärger bekommen. Die Frau wurde schon langsam säuerlich.

„Hör mal, junger Mann. Was machst du denn da? Ist das auch ein Benehmen? Wir sind hier nicht

Tierische Unterstützung

im Kindergarten. Setz dich gefälligst anständig hin, und warte, bis man dich aufruft."

„Nur noch einen Moment, dann ..." stammelte Marius, und schnell griff er mit seiner Hand nach dem Hamster, der stehen geblieben war, und den Wortwechsel mitverfolgt hatte. Als Marius mit seiner Hand nur noch einen Zentimeter von dem Hamster entfernt war, schlug er einen Haken und wieder war er weg. Benny schaute die ganze Zeit verwundert zu. Er verstand gar nicht, warum Marius sich so seltsam aufführte. Nun gut, sie waren beim Zahnarzt, aber das war doch kein Grund, hier durchzudrehen. Wenn er das daheim erzählte ...

Marius war so beschäftigt damit, seinem Hamster nachzujagen, dass er nicht bemerkte, wie die Tür erneut aufging und ein dicker Mann eintrat. Diese Chance ließ sich Goliath nicht entgehen. Ehe die Tür wieder zugeschlagen wurde, huschte er flink hinaus aus dem Wartezimmer. Marius wollte hinterher, aber der Neuankömmling versperrte ihm mit seiner gewaltigen Masse den ganzen Türrahmen. Und als der Junge die Klinke endlich in der Hand

Kleine Geschichten, die Kindern helfen

hatte, kam die Ansage über das Mikrofon: „Marius Klein, bitte in die Zwei!"

Vor der Tür nahm ihn eine nette Zahnarzthelferin in Empfang und geleitete ihn zu dem Furcht einflößenden Stuhl. Er nahm mit einer Mischung aus Angst vor dem Zahnarzt und Sorge um seinen Hamster Platz. Wenn jemand die Tür zur Praxis öffnete, dann würde Goliath ins Freie fliehen, und Marius würde sein geliebtes Haustier nie wieder sehen. Die Assistentin legte Marius eine Papierserviette um den Hals, und mit einem Summen wurde der Stuhl in eine waagerechte Position gebracht. Marius blickte verzweifelt an die weiße Decke hoch. Er hätte Goliath nicht mitnehmen sollen. Er hätte wissen müssen, dass so etwas passieren würde.

In seiner ganzen Aufregung merkte er nicht, wie der Arzt eintrat. Ein großer hagerer Mann mit dünnem Haar und einer Brille, deren Gläser so stark waren, dass die Augen dahinter riesig erschienen.

Tierische Unterstützung

„Na, junger Freund. Hast du irgendwo Schmerzen?"

Marius schüttelte den Kopf. Er brachte keinen Ton heraus. Seine Lippen waren so zusammengepresst, als würde sich der Mund niemals mehr öffnen lassen. Der Arzt setzte sich neben ihn auf seinen Drehstuhl und schaltete die große Lampe über Marius an.

„Dann wollen wir mal sehen. Mund auf, bitte."

Widerwillig öffnete Marius den Mund, und der Zahnarzt beugte sich noch tiefer über ihn. Die Pupillen hinter den Brillengläsern erschienen Marius nun wie riesige dunkle Murmeln. Er schloss die Augen. Die Untersuchung ging unglaublich schnell vorbei. Der Zahnarzt diktierte seiner Gehilfin einige, für Marius unverständliche, Bemerkungen, die diese auf einer Karteikarte notierte. Schließlich richtete der Arzt sich wieder auf und atmete tief durch.

„So, Marius, das war es schon. Alles in Ordnung. Und weiterhin schön zweimal täglich die Zähne putzen, dann bekommst du auch keine Löcher." Er betätigte einen Hebel, und langsam richtete sich die Rückenlehne des Stuhls wieder auf.

Wie in einem Traumzustand erhob sich Marius und schüttelte dem Arzt kurz die Hand. Das war alles?, wunderte er sich. Er verließ das Untersuchungszimmer und warf einen Blick in den Gang. Kein Goliath! Er öffnete schließlich die Tür zum Wartezimmer, in dem Benny immer noch saß und in einer neuen Illustrierten blätterte. Sein Bruder stand auf und mit hochgezogenen Augenbrauen fragte er: „Und, wie war es?"

„Ein Kinderspiel", antwortete Marius mit aufgesetzter Lässigkeit.

„Mund auf, Mund zu. Alles okay." Aber wo war Goliath?

„Was hast du eigentlich im Wartezimmer getrieben, Marius? Das war schon oberpeinlich, wie du auf dem Boden entlanggekrabbelt bist. Wie ein kleines Kind."

Und so rückte Marius heraus mit der Sprache. Er erklärte Benny kurz, wie sein Hamster entwichen war.

Tierische Unterstützung

„Oje, wie sollen wir ihn bloß finden?", stöhnte Benny, machte sich aber sofort auf die Suche.

Mit langsamen Schritten suchten sie den Linoleumboden ab. Wo war nur der Hamster geblieben? In jeder Ecke schauten sie nach. Benny warf sogar einen kurzen Blick in die Toilette, aber keine Spur von Goliath! Der Hamster war wie vom Erdboden verschluckt!

Die junge Auszubildende an der Empfangstheke hatte das seltsame Verhalten der beiden Jungen mit einem Lächeln beobachtet und als Marius mit einem tiefen Seufzer der Enttäuschung und den ersten Tränen in den Augen seine Krankenkassenkarte zurücknahm, sagte sie: „Ich glaube, dieses kleine verfressene Fellknäuel gehört euch." Und in ihren Händen hielt sie einen etwas müden, aber zufrieden dreinblickenden Goliath. Überglücklich nahm Marius seinen Hamster in die Hände und streichelte sein weiches Fell.

„Er wollte sich gerade über mein Pausenbrot hermachen, als ich ihn erwischt habe. Aber packt ihn schnell weg. Tiere sind in der Praxis nämlich strengstens verboten. Und beim nächsten Mal lasst ihr ihn am besten daheim."

Darauf konnte sie ihr Pausenbrot verwetten!, dachte Marius. Ein Zahnarztbesuch war ja halb so schlimm. Beim nächsten Mal brauchte er keinen Goliath, der ihm Mut machte. Wenn er es genau überlegte, dann brauchte er nicht einmal Benny. Er war doch schon vier und damit alt genug, allein zum Zahnarzt zu gehen. Das war doch ein Kinderspiel.

Oliver Höger

Die Karottengabi

Gabi hatte rote Haare und jede Menge Sommersprossen im Gesicht. Deswegen wurde sie von den Kindern immer verspottet. Wenn sie am Nachmittag auf den Spielplatz ging, wollte keiner mit ihr spielen. „Schau mal, die Karottengabi kommt", riefen die Kinder dann und lachten. Meistens saß Gabi deshalb alleine auf einer Schaukel und sah den anderen beim Spielen zu. Ihre Mutter machte sich große Sorgen darüber, dass Gabi keine Freunde hatte. Sie wusste ja nicht, dass sich die anderen über ihre Tochter lustig machten. Und Gabi wollte nicht darüber sprechen, denn sie schämte sich.

Eines Tages fuhr die Familie in einen Badeurlaub ans Meer. Gabi hatte sich schon sehr darauf gefreut, weil sie das Meer noch nie vorher gesehen hatte. Die Sonne schien, als sie den Strand entlangwanderte. Ihr Bruder und Vater bauten eine große Sandburg mit Wassergraben. „Möchtest du mitmachen?", fragte ihr Bruder.

37

Kleine Geschichten, die Kindern helfen

„Gern", antwortete Gabi. Sie spielten eine Stunde lang. Schließlich wurde ihr Bruder müde, und sein Vater trug ihn zu den Liegestühlen. Gabi blieb alleine zurück.

Sie arbeitete gerade am zweiten Turm der Sandburg, als eine Gruppe von Kindern vorbeikam. „Die hat aber schrecklich rote Haare", sagte einer der Jungen und zeigte auf sie. Gabi fühlte, wie ihr Gesicht rot anlief.

„Das sieht blöd aus", rief ein Mädchen mit blonden Zöpfen.

Die Karottengabi

Der Junge warf einen Blick auf die Sandburg. „Die ist ja kaputt", rief er und zerstörte die Mauer mit seinem rechten Fuß. Nun konnte das Wasser die Burg ungehindert überschwemmen.

„Nicht", rief Gabi und versuchte verzweifelt, Sand aufzuschütten.

„Kaputt, kaputt", rief das Mädchen mit den Zöpfen und trampelte lachend auf der Burg herum. Gabi schossen die Tränen in die Augen.

„Keiner will dich hier", sagte der Junge. „Geh weg." Die Kinder zogen lachend weiter, während Gabi weinte. Sie schämte sich so sehr, dass sie aufsprang und fortlief.

Erst nach einer Weile blieb sie stehen und setzte sich auf einen Felsen. Traurig starrte sie in das Wasser. Es war angenehm kalt, und kleine bunte Fische schwammen umher. „Ihr habt es ja so gut", meinte sie zu den Fischen. „Ihr seht alle gleich aus, und keiner macht sich über den anderen lustig."

„Das glaubst auch nur du", sagte eine Stimme. Gabi blickte um sich. Plötzlich sah sie ein Mädchen im Wasser, das ihr winkte. „Willst du nicht reinkom-

Kleine Geschichten, die Kindern helfen

men? Das Wasser ist so schön kühl." Gabi konnte es noch gar nicht fassen, dass jemand mit ihr schwimmen wollte.

„Ja, gerne", sagte sie und schwamm ein paar Meter.

„Ich heiße Mariana und du?"

„Ich heiße Gabi."

„Freut mich", meinte Mariana. „Aber sag mal, warum bist du denn so traurig?"

„Nun, keines der Kinder will mit mir spielen, weil ich rote Haare habe", antwortete Gabi.

„Wirklich?" Mariana schien überrascht zu sein. „Also, wo ich herkomme, sind rote Haare etwas Besonderes."

„Wo kommst du denn her?", fragte Gabi.

Mariana zeigte auf das Wasser. Nun sah Gabi erst, dass sie einen Fischschwanz hatte und erschrak. „Ich bin eine Meerjungfrau, und wir wohnen unter Wasser", sagte Mariana. „Ich dürfte eigentlich gar nicht hier sein, aber manchmal bin ich neugierig, und dann komme ich an den Strand und beobachte die Menschen."

Die Karottengabi

„Das ist ja toll", rief Gabi begeistert. „Kann ich zu dir nach Hause kommen?"

Mariana überlegte. „Warum eigentlich nicht." Sie nahm Gabi bei der Hand, und beide tauchten unter.

Der Meeresboden war ganz anders, als Gabi ihn sich vorgestellt hatte. Lange Wasserpflanzen ragten in die Höhe und bildeten einen Wald. Dazwischen schwammen Tausende von Fischen. Große, Kleine, Bunte und Einfarbige. Manche hatten Punkte und andere Streifen. Einer der Fische hatte eine lange

Kleine Geschichten, die Kindern helfen

Nase, während ein anderer eine ganz kurze hatte. Die meisten schwammen in großen Schwärmen, und sie alle glänzten im Sonnenlicht, das durch die Wasseroberfläche drang. Weiter unten lagen Felsen und Steine, die mit Algen übersät waren. Auf einem der Steine ruhte ein Tintenfisch, der seine langen Fangarme nach Gabi ausstreckte.

Plötzlich lichtete sich der Vorhang der Wasserpflanzen, und Gabi erblickte das Reich der Meerjungfrauen. Es war eine herrliche Stadt aus Muscheln auf dem Grunde des Meeres. Sie glitzerte und leuchtete. In der Mitte stand ein Schloss mit hohen Türmen. Auf jeder Spitze thronte eine große weiße Perle.

„Das ist wunderschön", meinte Gabi. Während sie auf das Schloss zuschwammen, winkten ihnen Meerjungfrauen aus jedem Fenster zu. Andere schwammen neugierig hinter ihnen her. Als sie ankamen, hatte sich eine große Gruppe gebildet, die Gabi bewundernd anstarrte. „Warum schauen die mich so an?", flüsterte Gabi. „Haben sie noch nie einen Menschen gesehen?"

Die Karottengabi

„Doch", antwortete Mariana lachend. „Aber noch nie einen Rothaarigen. Ich habe dir doch gesagt, dass das bei uns etwas ganz Besonderes ist."

Gabi fühlte sich wie eine Prinzessin. Plötzlich war jeder nett zu ihr und wollte mit ihr sprechen.

Sie verbrachten die folgenden Stunden mit verschiedenen Spielen. Mariana hatte ein großes Seepferdchen, auf dem sie zusammen ausritten. Es war grün und gelb und ziemlich neugierig. Es wieherte fröhlich, als die Mädchen sich ihm näherten. Gabi

Kleine Geschichten, die Kindern helfen

streichelte seine spitze Mähne. Sie hätte auch gerne ein Pferd gehabt. Etwas später spielten sie Ball mit einer Perle. Es wurden zwei Mannschaften gebildet, die gegeneinander antreten mussten. Jeder wollte in Gabis Gruppe sein. Erschöpft ließen sie sich danach auf einer Muschel nieder.

„Komm, ich zeig dir etwas", sagte Mariana. Sie schwammen zum äußersten Teil der Stadt. Dort befand sich ein wunderschöner Wassergarten mit einer Schaukel in der Mitte. Gabi sah rote, blaue und gelbe Korallen. Manche von ihnen waren länglich, andere rund. Dazwischen lagen Seesterne in allen Farben und Größen.

Gabi nahm einen bewundernd in die Hand. Er war dunkelblau und hatte Tupfen. „Kann ich mir einen mitnehmen?", fragte sie.

„Tut mir Leid", antwortete Mariana. „Aber auch ein Seestern ist ein Lebewesen, und er braucht das Wasser. Wenn du ihn mitnimmst, dann wird er sterben."

„Oh!" Gabi legte ihn sofort zurück. „Das wusste ich nicht. Und was ist mit den Fischen?"

Die Karottengabi

„Auch die möchten lieber in ihrer Welt bleiben. Hier haben sie ihre Freunde und fühlen sich wohl. Leider werden sie von Menschen gefangen, die sie zu Hause in Glasbehältern halten. Dabei ist es doch viel schöner, sie hier in der freien Natur zu beobachten."

Gabi blickte auf die Fische, die um sie herumschwammen. „Da hast du eigentlich recht." Die beiden Mädchen schwammen ein wenig weiter und bewunderten dabei den Garten. Gabi konnte sich kaum satt sehen an der großen Farbenpracht.

„Möchtest du schaukeln?", fragte Mariana, und Gabi nickte. In der Mitte des Gartens war die Schaukel, die aus einer großen Qualle bestand. Sie war durchsichtig und hatte lange Fangarme, die im Wasser ruhten. Ihr Körper schimmerte rosa. Sie setzten sich auf die Qualle, die sanft und leise auf und ab wogte.

„Weißt du was", sagte Gabi. „Ich glaube, ich werde einfach hier bleiben."

„Wie meinst du das denn?" fragte Mariana beunruhigt.

Kleine Geschichten, die Kindern helfen

„Na ja, in meiner Welt werde ich immer nur ausgelacht und verspottet. Aber hier bei euch bewundert mich jeder."

„Tut mir Leid, aber das geht leider nicht", meinte Miranda. „Du bist ein Mensch und sollst bei den Menschen leben. Ich bin sicher, sie werden erkennen, wie toll du bist." Plötzlich hörten sie ein Geräusch. Mariana entdeckte einen großen Schatten. „Ein Hai. Schnell, weg hier!", rief sie. „Ganz in der Nähe liegt ein versunkenes Schiff. Dort können wir uns vor dem Hai verstecken." Sie schwammen, so schnell sie konnten. Gabi kletterte durch eine der Luken. Marianas Fischschwanz war zu dick, und sie blieb stecken. Der Hai kam immer näher. „Schnell Gabi, hilf mir."
Gabi blickte um sich.
Dann entdeckte sie
plötzlich einen
großen Spiegel.
Sie hielt ihn
schräg, sodass
die Sonnen-

Die Karottengabi

strahlen, die durch die Wasseroberfläche kamen auf den Spiegel fielen. Diesen Strahl lenkte sie genau in die Augen des Hais, sodass dieser vom Licht geblendet wurde. Da er nichts mehr sehen konnte, musste er abdrehen und die Mädchen waren gerettet. „Vielen Dank!" Mariana fiel Gabi um den Hals.

Als sie zum Schloss zurückkamen, mussten sie Abschied nehmen. „Ich glaube, meine Eltern machen sich schon Sorgen, wo ich solange bleibe", meinte Gabi.

„Komm mich besuchen", sagte Mariana. Sie brachte Gabi an die Wasseroberfläche zurück.

Am nächsten Morgen baute Gabi eine neue Sandburg am Strand. Plötzlich fiel ein Schatten auf sie. Der Junge, der einen Tag vorher die Burg zerstört hatte, stand vor ihr. „Du schon wieder", sagte er. „Du bist ja immer noch da." Dann sprang er mit einem Riesensatz auf die Burg, und der Sand spritzte nach allen Seiten. Er hielt sich den Bauch vor Lachen. „Jetzt wirst du gleich wieder heulen."

Gabi hatte tatsächlich Tränen in den Augen.

Kleine Geschichten, die Kindern helfen

Doch dann fiel ihr der Hai ein, den sie besiegt hatte. Ich werde mir das nicht mehr gefallen lassen, dachte sie. Sie nahm einen großen Eimer mit Wasser und schüttete ihn dem Jungen über den Kopf. Dieser war klatschnass und prustete. Als er sah, dass alle Kinder über ihn lachten, lief er weinend zu seiner Mutter.

Das Mädchen mit den blonden Zöpfen hob den Eimer auf und reichte ihn Gabi. „Entschuldige, dass ich gestern über dich gelacht habe", sagte sie. „Eigentlich finde ich deine roten Haare schön. Sie leuchten so toll in der Sonne."

„Danke", antwortete Gabi. „Wenn du willst, können wir gemeinsam die Sandburg wieder aufbauen und ich erzähle dir von meiner Freundin, der Meerjungfrau."

„Du kennst eine Meerjungfrau?", fragte das Mädchen bewundernd.

„Eine? Hunderte." Gabi lachte. Den restlichen Nachmittag über bauten sie an der Burg, und Gabi erzählte vom Ritt auf dem Seepferdchen, der Quallenschaukel und dem Hai. „Aber weißt du, was das

48

Beste ist?", sagte sie am Ende ihrer Erzählung. „Die Meerjungfrauen haben mir gezeigt, dass keiner den anderen auslachen darf und dass alle gleich wichtig sind."

Stimmt, dachte Mariana, die hinter einem Felsen saß und lauschte. Dann tauchte sie in die Tiefen des Meeres und verschwand zwischen den bunten Fischen.

Claudia Weinhapl

Fest stehen

Robin war eines dieser Kinder, die immer eine Zielscheibe für andere sind. Er war klein und schmächtig, sehr schüchtern und manchmal stotterte er sogar. Weil er leicht rot wurde, riefen sie ihn Feuerlöscher, weil seine Ohren abstanden, nannten sie ihn Segelflieger, wegen seiner Brille musste er sich von den anderen Kindern als Brillenschlange beschimpfen lassen.

Und er ließ sich all das gefallen. Es sind nur Wörter, dachte er, und die tun nicht weh. Außerdem war er es gewohnt, dass die anderen ihre Scherze mit ihm machten. Man gewöhnt sich an alles, auch an Beschimpfungen.

Nur manchmal, wenn es zu schlimm wurde, dann wünschte er, dass eine Fee käme. Diese Fee wäre groß und mächtig, und sie würde ihm drei Wünsche schenken. Doch es kam keine Fee.

Fest stehen

Schon im Kindergarten waren sie gemein zu ihm. Aber er hatte sich daran gewöhnt. Er hatte sich auch daran gewöhnt, allein zu spielen. Fand er mal einen Freund, so verlor er ihn meist schnell wieder. Immer wenn größere Jungen kamen und den Freund fragten: „Was, du spielst mit dem Feuerlöscher?" Dann sagte der neue Freund erst gar nichts, dann lachte er, und dann zog er mit den großen Jungen ab.

Man gewöhnt sich an alles. Auch ans Alleinspielen.

Sie brauchen eben einen Kleinen, auf dem sie rumhacken können, dachte Robin. Und wartete auf die Fee mit den drei Wünschen.

Dann kam er in die Schule. Und die Scherze wurden gemeiner. Die Jungen aus der dritten und vierten Klasse beließen es auch nicht bei Wörtern. Nach dem Unterricht warteten sie auf ihn. Laut grölend jagten sie hinter ihm her und wenn sie ihn kriegten, schubsten sie ihn im Kreis herum. Wie ein Kegel fühlte er sich dann. Ein dummer Kegel, den alle einmal schubsen durften. Wenn er endlich hin-

51

Kleine Geschichten, die Kindern helfen

fiel, ließen sie ihn einfach im Schmutz liegen. Falls sie ihn mal in der Pause hinter dem Fahrradhäuschen erwischten, dort, wo kein Lehrer je hinsah, dann schlugen oder boxten sie ihn.

Natürlich hatte er das seinen Eltern erzählt. Seine Mutter hatte nur gefragt: „Na, du hast sie doch bestimmt geärgert, oder?"

Und sein Vater hatte ihm in die Schulter geknufft und gesagt: „Wehr dich, Junge! Du bist doch ein Junge, oder?"

Eines Tages haben seine Mitschüler Robins Brille kaputt gemacht. Dirk Meier hat einfach draufgetreten, als sie runtergefallen war. Robin sah ohne Brille schlecht. Wirklich schlecht. Alles war völlig verschwommen. Deshalb war er auch nicht sicher, ob es tatsächlich Dirk Meier war, der sie zerstört hatte. Aber es war garantiert seine Stimme, die sagte: „Wenn du das petzt, kriegst du richtig Prügel."

52

Robin petzte nicht. Seiner Mutter sagte er mittags, er sei hingefallen. Sie gingen zu einem Optiker, denn ohne Brille war Robin hilflos. „Blind wie ein Maulwurf", hatten die Jungen ge-brüllt, als er tastend über den Schulhof lief. Aber er wusste, dass eines Tages die Fee kommen würde …

Aber die Fee kam nicht. Und auf die neue Brille musste er eine Woche warten. Eine Woche, in der die ganze Welt aussah, als würde er sie durch ein schmutziges Goldfischglas betrachten. Verbogen und unscharf. „Maulwurf! Maulwurf!", riefen sie. Doch sie taten ihm nicht mehr weh. Erst mal nicht.

Endlich war seine neue Brille fertig. Endlich sah er wieder richtig. Als sie aus dem Geschäft kamen, entdeckte Robin ein Schild am Haus gegenüber. Eine geballte Faust in einem roten Kreis. Und darunter las er: Karateschule.

Karate kannte er. Das hatte er einmal im Fernsehen gesehen. Wer Karate kann, dem kann keiner was anhaben. Wer gut in Karate ist, kann alle anderen zusammenschlagen, schoss es Robin durch den Kopf. Richtig gute Karatekämpfer können zehn

Kleine Geschichten, die Kindern helfen

Dachpfannen auf einmal zertrümmern. Das hatte er auch im Fernsehen gesehen.

„Mama, können wir mal da rübergehen?", fragte er. Neben dem Schild hingen Fotos von Kindern in Karateanzügen. Viele der Kinder waren so alt wie er.

„Das würde dir wohl Spaß machen", sagte seine Mutter, und Robin nickte still. Ja, das würde ihm Spaß machen. So einen schönen weißen Anzug tragen und zehn Dachpfannen zertrümmern. Und überhaupt richtig stark sein.

Denn dass die Fee jemals kommen würde, daran glaubte er fast nicht mehr.

Die beiden gingen über eine schmale Eisentreppe im Hinterhof hinauf bis in die erste Etage. Schon hörten sie laute Schreie, voller Kraft und Wucht. Am Eingang begrüßte sie ein Mann. Er war Japaner und sehr klein. Robin fand es komisch, einen Erwachsenen zu sehen, der nur einen Kopf größer war als er selbst. Der Mann lächelte und stellte sich vor. Er hieß Herr Ogawa. Hinter ihm sah Robin den Übungsraum. Einige Männer kämpften miteinander. Aber nicht richtig. Sie stoppten ihre

Fest stehen

Schläge, bevor sie den Körper des anderen trafen. Doch die Schläge waren kurz, hart und genau. Und jedes Mal, wenn einer der Männer zuschlug, schrie er laut auf.

„Bitte Mama, ich will das lernen", flehte Robin seine Mutter an. Die ließ sich von Herrn Ogawa erklären, was Robin alles brauchte und was das Training kostete. Als Robin das nächste Mal zu seiner Mutter aufblickte, sah er, dass sie ein Blatt Papier unterschrieb.

Herr Ogawa kam auf ihn zu und sagte: „Schön, dass du bei uns mitmachst." Einen weißen Anzug mit Gürtel konnten sie gleich mitnehmen.

Abends saß Robin in seinem Zimmer, betrachtete den Anzug und dachte, wie schön es wäre, wenn er erst einmal so gut kämpfen konnte, wie die Männer in der Karateschule. Dann würde er es allen zeigen. Allen. Vor allen Dingen Dirk Meier. Er würde ihn so zusammenschlagen, dass er sich nie wieder trauen würden, Robin zu ärgern.

Kleine Geschichten, die Kindern helfen

Das Training begann am nächsten Nachmittag. Einer der größeren Jungen mit einem grünen Gürtel zeigte Robin, wie man den Gürtel richtig knotet. „Danke", sagte Robin.

„Ach was, man muss sich doch helfen."

Stolz betrat Robin den Übungsraum. Er wollte lernen, wie man Dachpfannen zertrümmert.

Doch zunächst mussten die Kinder Aufwärmtraining machen. Schweiß überströmt wartete Robin auf die Dachpfannen. Herr Ogawa aber stellte die Kinder paarweise auf. Robin kam mit dem Jungen, der den grünen Gürtel trug, zusammen. „Ich heiße Andi", sagte der Junge. Robin nickte. Sein Herz schlug schneller. Jetzt würde er die Tricks lernen. Doch da hatte er sich schon wieder vertan. Andi sollte einen leichten Schlag gegen Robins Bauch führen, und Robin musste ihn abwehren. Wie, das zeigte ihm Herr Ogawa.

Nachdem sie das bestimmt fünfzig Mal gemacht hatten, wurde es Robin langweilig. „Sag mal, lernen wir hier nicht, wie man Dachpfannen …", wollte er gerade fragen, als Herr Ogawa zurückkam.

56

Fest stehen

„Zeigt es mir einmal", sagte er. Robin und Andi führten die Übung vor. „Das ist noch lange nicht gut", sagte Herr Ogawa und schob und zog an Robin, drückte den linken Arm dichter an seinen Körper und bog den rechten Arm weiter in die Luft. „Du musst dich genau konzentrieren, sonst lernt dein Körper nie", sagte Herr Ogawa. Andi und Robin übten weiter.

Und so übten sie die nächsten Wochen. Genau so. Es gab keine Änderungen. Aufwärmtraining, dann Schläge gegen den Bauch abwehren. Jedes Mal, wenn Robin glaubte, es nun wirklich gut gemacht zu haben, zeigte ihm Herr Ogawa wieder einen Fehler und ließ die beiden weiter üben.

Mit der Zeit vergaß Robin die Dachpfannen. Er wollte nur ein Mal, ein einziges Mal, richtig abwehren. Er wünschte sich nichts sehnlicher, als von Herr Ogawa gelobt zu werden. Aber Herr Ogawa sagte nichts. Aber mit Andi trainierte Robin gerne. Bald gingen sie gemeinsam nach Hause. Andi wohnte in Robins Nachbarschaft. Später fingen sie sogar an, sich einfach so zu treffen.

Kleine Geschichten, die Kindern helfen

Robin fürchtete nur, dass eines Tages die großen Jungen kommen und dass Andi dann mit ihnen fortgehen würde. Er war sicher, dass es genau so kommen würde.

„Du stehst gut", sagte Herr Ogawa. Robin dachte erst, dass er jemand anderen meinte, doch Andi nickte ihm zu. Da drehte Robin sich um und sah Herrn Ogawa an. „Ja", meinte der Karatelehrer, „noch nicht perfekt, aber schon sehr gut." Robin, der noch vor kurzem unbedingt Dachpfannen zertrümmern wollte, war plötzlich sehr stolz, einfach nur richtig stehen zu können. Es war das erste Mal, dass Herr Ogawa ihn lobte. Und als er an sich herunter sah, bemerkte er, dass er wirklich besser stand. Viel fester als früher. Die Füße standen so fest auf dem Boden, als wären sie die kräftigen Wurzeln eines Baumes.

„Du gehst auch anders", sagte Andi, als sie abends nach Hause gingen.

„Meinst du?", fragte Robin. Denn man selbst merkt ja gar nicht, wie man geht, weil man sich dabei so schlecht beobachten kann.

Fest stehen

„Ja. Früher bist du geduckt gegangen und mit hängenden Schultern. Als hättest du immer Angst. Jetzt gehst du gerade."

Vielleicht stimmte das. Vielleicht ließen ihn die anderen Kinder deshalb in Ruhe, dachte Robin. Schon seit einigen Wochen hatten sie ihn nicht mehr geärgert.

Beim nächsten Training sagte Herr Ogawa: „So, jetzt werdet ihr beide mal etwas Anderes machen." Und Robin dachte, dass er endlich lernen würde zu kämpfen. Doch es war nur eine ähnliche Übung: Jetzt musste Robin Andis Schlag gegen seinen Kopf abwehren. Eigentlich war es die gleiche Übung. Eigentlich war das alles ziemlich langweilig. Er war schon ein halbes Jahr dabei und hatte noch nicht ein Mal gekämpft. Immer nur abgewehrt.

Nach dem Training sagte Herr Ogawa: „Robin, was ist? Du siehst unzufrieden aus."

„Wann lerne ich kämpfen?", schoss es aus Robin heraus.

„Wenn du dich verteidigen kannst. Erst musst du richtig stehen und dich verteidigen. Dann lernst du

59

Kleine Geschichten, die Kindern helfen

den Rest. Vielleicht ist es in einem Jahr oder in zwei Jahren so weit."

In zwei Jahren! Robin glaubte, sich verhört zu haben. „Was?!"

Doch Herr Ogawa ließ sich nicht beeindrucken: „Erst musst du dich verteidigen können. Dann kann dir keiner weh tun. Den Rest lernst du später."

Woche um Woche wehrte Robin die Schläge gegen seinen Kopf ab. Er wurde besser. Sein Arm hatte den richtigen Winkel, die Füße standen sicher, sein Atem ging gleichmäßig.

Und sein Atem ging auch gleichmäßig, als eines Tages Dirk Meier und die anderen vor dem Schultor auf ihn warteten. „Du machst Karate?" Dirk Meier lachte und kam auf Robin zu. „Dann zeig mal, was du kannst, Flasche!"

Und die anderen grölten: „Los, zeig's dem Feuerlöscher!" Robin sah ihm fest in die Augen, und sein Atem blieb so ruhig wie sein Herz. Dirk holte zu einem Schlag gegen Robins Bauch aus, doch schon schnellte Robins Arm hoch und führte Dirks Faust ins Leere. Dirk versuchte es mit der anderen

Fest stehen

Faust, wieder wehrte Robin den Schlag ab. Sein Arm schoss leicht nach oben, sein Fuß machte eine winzige Bewegung, und Dirk wäre von der Wucht seines eigenen Schlages fast hingefallen. Die anderen verstummten.

Der nächste Schlag ging gegen Robins Kinn. Doch auch den wehrte er mit Leichtigkeit ab. Dieses Mal fiel Dirk wirklich hin. Die anderen kicherten. Dirk sprang auf und versuchte jetzt, Robin mit beiden Händen zu boxen. Er hatte keinen Erfolg.

Dirk schwitzte und stöhnte, und Robin stand noch immer ganz ruhig.

„Los, Männer, helft mir!", rief Dirk seinen Freunden zu. Die standen erst unschlüssig, gingen dann aber doch auf Robin zu. Gegen fünf hatte er sich noch nie verteidigt. Er wusste nicht, ob er das konnte. Trotzdem blieb er ruhig. Die anderen wurden unsicher. Damit hatten sie nicht gerechnet. Sie hatten erwartet, dass er brüllend weglaufen würde. „Los! Auf ihn!", schrie Dirk.

„Lasst das lieber!", ertönte eine Stimme hinter ihnen.

„Wer bist du denn?", patzte Dirk den Jungen an.

„Andi. Robins Freund!", sagte er.

„Kannst dir auch Prügel abholen", drohte Dirk.

„Ihr könnt es gerne versuchen. Ich habe den grünen Gürtel", antwortete Andi ruhig. Zwei Karatekämpfer erschienen Dirks Freunden dann doch etwas zu viel. Einer nach dem anderen verdrückte sich.

„He! Wo wollt ihr hin?", rief Dirk ihnen hinterher. Dann sah er Andi und Robin an. Beide standen immer noch ruhig und gelassen vor ihm. Kalte Angst kroch in Dirks Rücken hoch, aber das wollte er lieber nicht zeigen. „Ihr Blödmänner", grunzte er, nahm seinen Rucksack und verschwand ebenfalls.

Robin sah Andi an. „Danke. Ich weiß nicht, ob ich das allein geschafft hätte."

„Ach. Dafür sind Freunde doch da, oder?", sagte Andi, legte seinen Arm über Robins Schulter und gemeinsam gingen sie vom Schulhof.

Michael Engler

Lena im Reich der Elfen

Lena hatte Angst vor der Dunkelheit. Jeden Abend bestand sie darauf, dass ihre Nachttischlampe so lange eingeschaltet blieb, bis sie eingeschlafen war. Sie dachte nämlich, dass in der Dunkelheit böse Kobolde und andere Wesen hausten.

Da ihre Eltern arbeiten mussten, verbrachte sie den Sommer bei ihrer Tante auf dem Land. Diese hatte einen Bauernhof mit vielen alten Gebäuden. Am Abend, wenn im ganzen Haus die Lichter ausgingen, hörte Lena immer so komische Geräusche. Dann saß sie in ihrem Bett und war dankbar für das Licht auf ihrem Nachttisch.

Eines nachts wachte sie plötzlich auf. Da waren doch eindeutig Schritte auf dem Fußboden zu hören. Angestrengt lauschend zog sie sich die Decke bis über das Kinn. Da war es schon wieder. Es hörte sich wie das Getrippel von kleinen Füßen an. Vorsichtig beugte sie sich über den Rand des Bettes. „Hallo?", flüsterte sie. „Ist da jemand?"

Lena im Reich der Elfen

"Ja, hier unten!", rief eine zarte Stimme. Und dann sah sie es. Mitten auf dem Teppich vor ihrem Bett stand eine Elfe. Sie war nicht viel größer als eine Hand und trug ein himmelblaues Kleid. Die blonden Haare waren zu einem Knoten zusammengebunden, und darauf saß eine silberne Krone. "Mein Name ist Miranda, und ich bin hier, weil ich deine Hilfe brauche."

Vorsichtig hob Lena das kleine Wesen auf ihr Bett und setzte es auf das Kopfkissen. "Wie kann ich dir denn helfen?", fragte sie. "Nun, mein Königreich ist in Gefahr. Es wird von der Königin der Dunkelheit bedroht. Sie wohnt im Reich der Schatten und hat viele Kobolde, die ihr dienen."

"Tut mir Leid", meinte Lena zerknirscht. "Aber ich kann dir nicht helfen, denn ich habe Angst vor der Dunkelheit."

Kleine Geschichten, die Kindern helfen

Da ließ die Elfe traurig ihren Kopf hängen. „Dann ist alles aus. Und die böse Königin wird gewinnen." Langsam stand sie auf und wollte gehen.

„Warte!", rief Lena. „Ich kann es ja mal versuchen."

„Danke", sagte die Elfe und griff in einen Beutel, den sie um die Hüfte trug. Darin befand sich Feenstaub. Sie warf etwas von dem glitzernden Staub auf Lena, die daraufhin auf die Größe der Elfe schrumpfte.

„Toll", rief Lena begeistert aus. „Ich bin ja plötzlich so klein wie du!" Die beiden nahmen sich bei den Händen und rutschten durch einen Spalt im Fußboden.

So kamen sie auf direktem Wege in das Reich der Elfen. Es bestand aus grünen Hügeln und Wäldern. Auf den Wiesen wuchs ein Meer aus Blumen, und in jeder saß eine Elfe. In der Mitte stand ein Schloss, das aus vielen Blumenkelchen geformt war. Daneben floss ein kleiner Bach, dessen Wasser in der Sonne glitzerte. Eine Gruppe von Elfen spielte Wasserball mit einer Kirsche. Lenas Augen leuchte-

Lena im Reich der Elfen

ten vor Begeisterung. „Es ist ja wirklich wunderschön hier!"

„Ich weiß", seufzte Miranda. „Und wir hoffen sehr, dass du uns helfen wirst. Denn wenn die Königin der Dunkelheit hier regiert, wird ewige Nacht herrschen und alle Blumen verblühen." Lena folgte Miranda in das Schloss, in dem sie erst einmal ein Glas Blütennektar tranken.

„Wieso habt ihr denn gerade mich gebeten, euch zu helfen?", fragte Lena.

„Nun, wir haben schon öfter Kinder gefragt, aber sie hatten alle Angst vor der Dunkelheit. Die Königin wohnt in einem Felsenschloss auf der anderen Seite der Berge, und dort ist es Tag und Nacht dunkel. Außerdem wird das Schloss von Kobolden bewacht." Lena schauderte. „Hier hast du einen Kristall. Du musst ihn in ihr Schloss bringen und in die Mitte des Thronsaals stellen. Dann wird sein Licht die Dunkelheit vertreiben, und die Königin verliert ihre Macht."

„Und wie soll ich dort hinkommen?", fragte Lena.

Kleine Geschichten, die Kindern helfen

„Leo, unser schnellster Schmetterling, wird dich hinfliegen." Mit diesen Worten schnippte Miranda in die Finger, und ein wunderschöner Schmetterling landete genau vor Lenas Nase. Seine Flügel waren hellgelb und hatten rote Flecken. „Ich wünsche dir alles Gute. Viel Glück!" Mit diesen Worten reichte ihr Miranda die Tasche mit dem Kristall.

Lena schwang sich auf den Rü-cken des Schmetterlings, und ab ging die Post. Leo wusste genau, wohin er zu fliegen hatte. Das Reich der Elfen sah von oben ganz bezaubernd aus. Wälder, Wiesen, Flüsse und Seen. Wie gerne wäre Lena jetzt mit den Elfen herumgetollt. Aber sie musste die Königin besiegen und die Elfen retten. In der Ferne sah sie das Gebirge. Es ragte hoch in den Himmel, der ganz schwarz war. Sie flogen über die Berge, mitten

Lena im Reich der Elfen

hinein in die Dunkelheit. Da hier keine Sonne schien, war es auch viel kälter als bei den Elfen. Lena, die im Nachthemd war, fror, und auch der Schmetterling zitterte.

Dann sah sie das Felsenschloss der Königin. Es war riesengroß und hatte viele schwarze Türme. Lena fragte sich, wie sie den Thronsaal wohl finden sollte. Leo landete in der Nähe des Schlosses und wünschte Lena viel Glück. Nun war sie ganz alleine. Sie nahm all ihren Mut zusammen und machte sich auf den Weg. Es dauerte nicht lange, und sie gelangte an einen Eingang. Er wurde von zwei Kobolden bewacht, die Furcht erregend aussahen. Da es nicht möglich war, an ihnen vorbeizukommen, ging Lena ein Stück weiter. Schließlich fand sie eine kleine Tür, die allerdings verschlossen war. Gerade als sie weitergehen wollte, hörte sie Geräusche und versteckte sich hinter einem Busch.

Aus der Tür trat ein Kobold mit Küchenabfällen, die er auf einen Haufen leerte. Lena nutzte die Gelegenheit und schlich ins Innere des Schlosses. Sie gelangte in eine geräumige Küche, in der es

Kleine Geschichten, die Kindern helfen

nach Essen roch. Leise tappte sie durch den Raum und wollte gerade auf den Gang treten, als ein Kobold mit einem Tablett um die Ecke bog. Schnell versteckte sie sich hinter einem Schrank. Der Kobold schimpfte, als er das Tablett abstellte. „Jetzt ist ihr die Suppe wieder nicht scharf genug", sagte er. Offenbar sprach er von der Königin. Er nahm ein paar Gewürze, die Lena nicht kannte, und warf sie in den Suppentopf. Zum Schluss gab er noch ein paar Schlangen dazu. Lena hielt sich die Nase zu, denn die Suppe roch fürchterlich.

Als der Kobold gegangen war, schlüpfte sie durch die Tür. Da sie nicht wusste, wo der Thronsaal lag, ging sie einfach nach rechts. Es war dunkel und unheimlich, und einen Moment lang wollte sie aufgeben. Dann dachte sie an die Blumen und die Elfen und beschloss weiterzugehen. Am Ende des Ganges kam sie zu einem Fluss, der unterirdisch durch das Schloss floss. Das Wasser war träge und roch nach verfaultem Moos. An einem Steg war ein Boot befestigt, in dem sich leere Fässer befanden. Sie versteckte sich in einem der Fässer.

Lena im Reich der Elfen

Schon bald kam ein Kobold und setzte sich ans Ruder. Lena hörte, wie das Wasser ans Boot plätscherte, als sie den Fluss entlangfuhren. Nach einiger Zeit kam das Boot zum Stillstand, und  die Fässer wurden abgeladen. Kobolde rollten sie in einen großen Weinkeller. Was für ein Glück, dass Lena so leicht war. Aber ihr wurde furchtbar schlecht, als man ihr Fass die Stufen hinunterrollte. Sie hörte, wie eine Türe geschlossen wurde, dann war es ganz still. Vorsichtig kroch sie aus dem Fass. Hoffentlich finde ich den Thronsaal bald, dachte sie. Zum Glück war die Tür nicht verschlossen. Als sie auf den Gang trat, hörte sie Stimmen. Ein dicke und ein dünner Kobold kamen in ihre Richtung. Schnell versteckte sie sich und belauschte das Gespräch. „Musstest du mich unbedingt aufwecken?", fragte der Dicke. „Ich habe gerade von einem großen Stück Schweinebraten geträumt."

Kleine Geschichten, die Kindern helfen

„Sie hat gesagt, dass wir dringend in den Thronsaal kommen sollen", meinte der Dünne.

Sehr gut, dachte Lena. Ich werde den beiden folgen. Nach einigen Minuten gelangten sie zum Thronsaal. Der dicke und der dünne Kobold traten durch die Tür, und Lena schlüpfte unauffällig hinter ihnen hinein. Im Inneren des Saales versteckte sie sich hinter einer großen Statue. Der Saal war voll mit Kobolden, die sich aufgeregt miteinander unterhielten. In der Mitte stand ein Thron, auf dem die Königin saß. Ihre Haare und ihr Kleid waren rabenschwarz. Sie stand auf und schwang ihr Zepter. „Wir werden das Land der Elfen überfallen. Heute Nacht, wenn sie in ihren Blumenkelchen schlafen, werden wir sie angreifen." Ihr böses Lachen hallte durch den ganzen Raum.

Lena lief es kalt den Rücken hinunter. Sie sprang hinter der Statue hervor. „Das werde ich verhindern!", rief sie. Plötzlich war es im Raum sehr still.

Das Gesicht der Königin war ganz blass geworden. Dann rief sie voller Zorn: „Wer wagt es, hier in

72

Lena im Reich der Elfen

mein Schloss einzudringen. Ergreift sie!" Einige der Kobolde kamen auf Lena zugelaufen. Schnell nahm Lena jedoch den Kristall aus dem Rucksack und stellte ihn in die Mitte des Raumes. Sein helles Licht durchflutete den ganzen Saal. „Nicht!" Die Königin und die Kobolde wurden von dem Licht geblendet. Sie versuchten, ihre Augen mit der Hand zu schützen, aber es half nichts. Die Kobolde liefen schreiend aus dem Saal, nur die Königin blieb als einzige übrig.

„Aufhören, aufhören", schrie sie. „Du hast gewonnen. Ich tue ja alles, was du willst. Nur bitte schalte dieses grässliche Licht ab." Lena fesselte die Hände der Königin und führte sie vor das Schloss, vor dem Leo bereits auf sie wartete.

Als sie bei den Elfen landeten, wurden sie von diesen bereits begeistert erwartet. Sie feierten ein rauschendes Fest, bevor Lena Abschied nahm. Der bösen Königin hatte man eine Schürze umgebunden, und sie musste die Elfen bedienen.

Miranda brachte Lena zurück in ihr Zimmer und verwandelte sie wieder in ihre richtige Größe.

Lena im Reich der Elfen

„Vielen Dank, dass du uns geholfen hast. Ohne dich hätten wir es nie geschafft", sagte sie.

„Kein Problem", meinte Lena. „Ich habe gerne geholfen. Außerdem habe ich jetzt keine Angst mehr vor der Dunkelheit."

Als sie am Ende des Sommers wieder zu Hause war, schaltete ihr Vater das Licht auf dem Nachttisch ein. „Das brauche ich nicht mehr", meinte Lena.

„Nanu?" Ihr Vater zog eine Augenbraue hoch. „Hast du denn keine Angst mehr vor der Dunkelheit."

„Nein", meinte Lena. „Die Kobolde sind alle weggelaufen, und die Königin der Dunkelheit muss jetzt bei den Elfen in der Küche arbeiten."

Claudia Weinhapl

Der Schatten

Im hellen Schein seiner Schreibtischlampe machte Max Schattenspiele für seine Freunde Christian, Paul und Lars. Das konnte er besser als jeder andere. Mit einer Hand oder mit beiden, mit einem Finger oder mit allen zauberte er Kaninchen, Wölfe, Hexen, Rehe, Zauberer, Monster und Menschenköpfe an die schneeweiße Wand seines Kinderzimmers.

Sein Publikum klatschte und johlte vor Begeisterung und wollte mehr. Noch wildere Tiere, noch gruseligere Figuren, noch komischere Köpfe. Doch Max gingen die Ideen aus. Als er sich zur Seite drehte, um neue Figuren auszudenken, brüllten die anderen schon wieder vor Lachen.

„Guck mal, die Gurke!", riefen sie.

„Die Ohren sehen ja aus wie Segelboote." Max stutzte. Er machte gar keine Figuren!

Sein Blick fiel auf die spiegelnde Fensterscheibe. Da war sein Kopf und dahinter der Schatten seines

Der Schatten

Kopfes an der Wand. Sie lachten also über ihn. Über seine Nase. Mal wieder.

Es stimmt schon, dass er eine große Nase hatte. Etwas größer als die der anderen Kinder. Aber niemals so riesig, wie jetzt in dem Schattenbild. Auch seine Ohren lagen vielleicht nicht so eng am Kopf wie bei anderen Kindern, aber wie ein Segelboot sahen sie nicht aus. Niemals!

„Ich habe keine Lust mehr. Schluss!", sagte Max, und so sehr die anderen auch darum baten, er wollte nicht mehr und schaltete die Lampe aus.

Nachdem seine Freunde gegangen waren, stellte sich Max vor die Wand und betrachtete noch einmal seinen Schatten. Das war nicht ganz einfach, denn dazu brauchte er einen Spiegel und musste schräg von der Seite gucken. Aber es gelang ihm doch. Wie blöd, dachte er. Ich sehe tatsächlich so aus, als hätte ich eine Karotte im Gesicht stecken.

Je länger er sein Schattenbild ansah, umso blöder fand er es, und umso wütender wurde er darüber. Denn wer mag es schon, wenn andere über einen lachen? Außer Clowns doch wohl niemand.

"Ich bin kein Clown", murmelte er. Und dann: "Wie schön wäre das Leben ohne einen solchen Schatten."

Es dauerte gar nicht lange, da fing er an, seinen Schatten zu beschimpfen. Erst leise, dann lauter. "Verschwinde, blöder Schatten, lass mich in Ruhe", nörgelte Max, als der Schatten plötzlich antwortete.

"Willst du das wirklich?"

"Natürlich will ich das! Ich bin doch kein Clown", blaffte Max sein Gegenüber an und wunderte sich nicht einen Augenblick, dass sein Schatten mit ihm sprach.

"Aber kein Mensch kann ohne seinen Schatten sein", antwortete der Schatten.

"Ich schon", schimpfte Max weiter. "Ich kann das. Ich brauche dich nicht. Du machst mich nur lächerlich."

Der Schatten sank langsam in sich zusammen, legte die Arme auf seine Knie, stützte den Kopf auf die Arme. Er sah traurig aus. "Hau ab! Ich will dich nicht mehr", sagte Max. Da erhob sich der Schatten, zuckte mit seinen Schultern, warf den Kopf in

Der Schatten

den Nacken und ging. Ging an der Wand entlang, huschte über den Schrank, das Bett, den Schreibtisch und verschwand in der dunklen Tür.

Vorsichtshalber kontrollierte Max noch einmal mit Lampe und Spiegel, aber der Schatten war weg. Die Wand blieb weiß. Zufrieden lachte Max und legte sich in sein Bett. Mit einem Lächeln schlief er bald ein.

Dass aber Schatten nicht einfach nur durch Licht entstehen, konnte er ja nicht wissen. Denn sie sind immer da, selbst nachts. Das Licht macht sie nur deutlicher. Und dass Schatten den Menschen Glück bringen und auf sie aufpassen, wusste er schon gar nicht. Immer, wenn ein Mensch von irgendwoher eine Stimme in seinem Kopf hört, die ihn vor etwas warnt, dann ist das der eigene Schatten, der da flüstert. Doch zu Max sprach jetzt keine Stimme mehr.

Beim Frühstück schüttete Max Kakao über seine Hose. „Oh nein!", rief seine Mutter, „wir kommen

79

Kleine Geschichten, die Kindern helfen

zu spät zum Kindergarten." Schnell zog Max eine neue Hose an, und gemeinsam stürmten sie aus der Wohnung. Max wollte nie zu spät kommen. Also beschloss er, drei Stufen auf einmal zu springen, um die verlorene Zeit wieder aufzuholen. Und da war keine Stimme, die ihn warnte. Der erste Sprung klappte, der zweite auch noch, beim dritten erwischte er die Stufe aber nur an der Kante und polterte die restlichen Stufen herunter.

„Hast du dir weh getan?", fragte seine Mutter und sah ihn besorgt an.

„Nur wenn ich lache", grinste Max, als er sich aufrappelte. Aber in Wirklichkeit tat ihm fast alles weh: der Ellbogen, die Knie, die Hände, der Po. In Wirklichkeit hatte er jedes Köperteil einmal auf eine Stufe geschlagen. In Wirklichkeit fing das Unheil erst an.

Beim Malen goss er ein Glas mit schmutzigem Wasser über sein Pausenbrot, beim Basteln schnitt er sich an einem Blatt Papier. Als die Kindergärtnerin später den Raum verließ, flüsterte Annemarie: „Max, ich kann Haare schneiden."

Der Schatten

„Echt?" Das begeisterte Max so sehr, dass er nicht einen Moment zögerte, als sie mit einer kleinen Schere auf ihn zukam. Da war keine Stimme, die ihn warnte.

„Setz dich hin", sagte Annemarie. Und sobald er saß, flogen auch schon die ersten Haarsträhnen zu Boden. „Das ist schön", summte Annemarie die ganze Zeit, und Max war sehr gespannt, wie er wohl nachher aussehen würde.

„Um Gottes Willen, wie sieht das denn aus?" Das war die Kindergärtnerin, und Max ahnte, dass er doch nicht gut aussehen würde.

Vor dem Spiegel bekam er dann auch einen Riesenschreck: Auf seinem Kopf waren einige Stellen ganz kahl, andere raspelkurz und stellenweise war das Haar noch lang wie vorher. Es sah aus, als sei er mit seinem Kopf unter einen Rasenmäher geraten.

Max fürchtete, dass die anderen über seine Punkerfrisur lachen würden. Also wollte er ihnen beweisen, was er alles konnte. Über die Wippe balancieren zum Beispiel. Als alle auf dem Spielplatz waren, war es soweit. Max hüpfte auf die Wippe und

81

Kleine Geschichten, die Kindern helfen

trippelte los. Er schwankte bedrohlich, als er zum höchsten Punkt kam. Aber das machte ihm nichts. Schließlich war da keine warnende Stimme in seinem Kopf.

Er erreichte den höchsten Punkt, machte einen Schritt nach vorn, die Wippe kippte über, und Max fiel in einem hohen Bogen herunter. Dieses Mal ging es nicht so glimpflich aus. Er landete auf seinem Ellbogen. Und der blutete so sehr, dass die Kindergärtnerin ihm sofort ein riesiges Pflaster darauf klebte.

Der Schatten

So ging dieser Tag für Max weiter: Nachmittags sah er beim Fahrradfahren, freihändig natürlich, einem Hund hinterher und bekam gar nicht so richtig mit, wie er gegen die Mülltonnen fuhr. Anschließend flog er in einem hohen Bogen von der Schaukel, als er versuchte, einen Überschlag zu machen. Dann erwischte er beim Klettern in der höchsten Birke einen etwas zu dünnen Ast und landete schmerzhaft auf seinem Po. Gegen Abend wurde er von der Nachbarskatze gekratzt, als er versuchte, deren Babys zu streicheln. Und als er in der Badewanne wie ein Pinguin vom Beckenrand hüpfen wollte, rutschte er auf einem Seifenstück aus und landete krachend auf seinem Rücken. Beim Abendbrot, da saß er bereits mit Pflastern und Binden zugeklebt am Tisch, verbrühte er seine Hand noch mit heißem Pfefferminztee.

„Aber Max, was ist denn nur mit dir los? So kennen wir dich gar nicht", sagten seine Eltern. Doch Max wusste auch nicht, was mit ihm los war. An diesem Abend lächelte er beim Einschlafen nicht mehr.

Kleine Geschichten, die Kindern helfen

Es dauerte nicht lange, bis er zu träumen begann. Und der Traum war nicht schön. Wirklich nicht: Plötzlich stand eine alte garstige Teekanne schimpfend vor ihm und brüllte ihn an, wo denn sein Schatten sei. Max wollte wegrennen, doch die Teekanne verfolgte ihn durch eine dunkle einsame Straße und spritzte dabei kochend heißen Tee um sich. Am Ende dieser Straße erwartete ihn eine grinsende Wippe, die ihm fürchterlich den Hintern versohlen wollte. Und gerade als er dachte, er sei den beiden über eine Brücke entkommen, da stürzte eben diese Brücke ein, und er landete in einem ekligen Wasserfarbenkanal. Wild strampelte er mit Armen und Beinen um sich, denn er konnte ja nicht schwimmen, doch zum Glück kam ein Boot vorbei, auf das er hinaufklettern konnte. Da erwartete ihn der nächste Schrecken: Kapitän des Bootes war niemand anders als eine riesige Schere, die schnippelnd drohte, ihn in tausend Stücke zu schneiden. In letzter Sekunde sprang Max vom Boot, rannte durch dunkle Häuserschluchten und hoffte, dass dieser Albtraum bald zu Ende sei. Doch

Der Schatten

da kam eine riesige Katze über die Hausdächer geklettert. Max schrie und rannte. Auf den Häuserwänden tummelten sich gruselige Schatten und griffen nach ihm, und die Häuser hatten keine Fenster, also konnte auch niemand seine Hilferufe hören. Plötzlich war die Straße zu Ende. Als die Katze kam und ihre Krallen wetzte, stürzten stinkende Mülltonnen von den Dächern der Häuser und luden ihren ganzen Müll auf Max ab. Unter all dem Müll bekam er keine Luft mehr.

Panisch nach Luft schnappend, erwachte Max. „Ein Traum, nur ein Traum", sagte er, als er das Licht angeschaltet hatte.

„Nein. Das war nur dein erster Tag ohne Schutzengel." Max sah sich erschrocken um. Hier war doch niemand. Oder? Da entdeckte er neben dem Kleiderschrank seinen Schatten an der Wand.

„Schutzengel?", fragte Max.

„Schutzengel, Schatten, es ist doch egal, wie du es nennst", sagte der Schatten.

Max sah ihn an: „Schatten sind keine Schutzengel. Das glaube ich nicht."

Der Schatten

Der Schatten kicherte ein wenig, dann sagte er: „Der beste Beweis sind ja wohl die Pflaster und blauen Flecken an deinem Körper."

Doch Max war noch nicht überzeugt: „Das kann ich mir einfach nicht vorstellen. Wie kannst du denn auf mich aufpassen, wenn du selber noch ein Kinderschatten bist?"

Langsam erhob sich der Schatten und lief an der Wand lang: „Kinderschatten? Nein, wir Schatten sind so alt wie das Licht. Wir sind älter als die Welt."

„Echt?", fragte Max.

„Klar. Immer wenn ein Kind geboren wird, darf ein Schatten dieses Kind sein Leben lang begleiten. Und wenn es groß wird und alt und viele, viele Jahre später stirbt, dann gehen wir wieder ins Schattenreich zurück. Dort warten auf ein neues Kind, das wir begleiten und auf das wir aufpassen können."

„Ach ja", sagte Max trotzig, „und dann macht ihr den Kindern lange Nasen und Segelohren? Ein schönes Spiel habt ihr da."

„Falsch. Wir machen das nicht. Wir zeigen nur, wie es in Wirklichkeit ist. Glaubst du, mir macht das

Spaß, mit so einer albernen Punkerfrisur herumzu-
laufen."

„Pah! Aber meine Nase ist nicht groß, und ich
habe auch keine Segelohren", raunzte Max den
Schatten an.

Der jedoch antwortete ganz ruhig: „Deine Nase
ist etwas groß, und deine Ohren stehen etwas ab.
Aber das ist doch egal. Schließlich kann kein
Mensch etwas dafür, wie er aussieht, oder?"

„Aber die anderen lachen doch über mich."

„Ja, willst du lieber, dass sie über dich weinen?"

Max kreuzte die Arme vor seiner Brust. „Nee,
aber trotzdem ist das blöd."

Der Schatten kam näher zum Bett. „Klar ist das
blöd. Aber das sind doch nur Wörter. Und Wörter
können einem nur weh tun, wenn man es ihnen
erlaubt."

Das verstand Max nicht ganz, aber der Satz hörte
sich wichtig an. „Wenn jemand zu dir sagt, du bist
dumm, dann wirst du böse, richtig?" Max nickte.
„Aber denk mal darüber nach, wie oft du das gleiche zu dir selbst gesagt hast. Es ist das selbe Wort,

Der Schatten

einmal erlaubst du ihm, dir weh zu tun, einmal nicht. Also liegt es doch an dir, oder?"

Max dachte nach. Vielleicht hatte der Schatten ja Recht. Jedenfalls klang das, was er sagte, vernünftig. Aber es ist sehr schwer, mitten in der Nacht über so wichtige Dinge nachzudenken.

„Ziemlich schwer, darüber nachzudenken", sagte Max. Der Schatten nickte verständnisvoll. „Davon kriegt man Hunger", meinte Max und schlug vor: „Hör mal, ich könnte mal eben in die Küche gehen und uns ein paar Kekse holen. Weißt du, wenn ich nämlich einen Hocker auf den Stuhl stelle und

Kleine Geschichten, die Kindern helfen

unter den Hocker noch einen Pappkarton, dann komme ich bestimmt oben an den Schrank, in dem die Kekse versteckt sind!"

Der Schatten baute sich riesengroß an der Wand auf: „Und ich denke, das lässt du schön bleiben! Schließlich hast du für heute genügend Verletzungen. Findest du nicht?"

„Also keine Kekse?", fragte Max.

„Keine Kekse. Nicht so. Frag lieber morgen Früh deine Mutter", sagte der Schatten.

„Kommst du denn zu mir ins Bett?"

Da kroch der Schatten schnell unter Max' Bettdecke, kuschelte sich an ihn und wenige Minuten später schlief Max mit einem Lächeln wieder ein.

Max schlief übrigens sehr gut in dieser Nacht und auch in den folgenden. Er wurde nie wieder ohne seinen Schatten gesehen, und viel später hat er auch die Geschichte mit den Wörtern, die manchmal weh tun und manchmal nicht, verstanden.

Michael Engler

Die mutige Johanna

Johanna lief hinter ihren Mitschülerinnen her. Sie war für ihre neun Jahre ziemlich kräftig und – zugegeben – etwas pummelig. Aus diesem Grund wurde sie von den anderen Mädchen auch immer ausgegrenzt, und niemand gab sich so richtig mit ihr ab. Sie passte einfach nicht in das Bild, das sich Kinder von ihren Freunden machten. Heute war, wie jeden Dienstag, Schwimmunterricht, und Johanna hatte diesen Tag die ganze Woche über gefürchtet. Schwimmunterricht war immer zusammen mit den Jungen aus ihrer Klasse, und jede Woche musste sie Häme und Spott über sich ergehen lassen. Sie konnte zwar ganz gut Kraulen und Brustschwimmen, aber mit dem Tauchen klappte es absolut nicht. Außerdem hatte die Schwimmlehrerin, Frau Mauth, für heute bereits angekündigt, dass sie alle Schüler vom Drei-Meter-Brett springen lassen würde. Wer sich traute, natürlich nur. Das Problem war, dass sich Johanna überhaupt nicht

Kleine Geschichten, die Kindern helfen

traute. Schon der Gedanke daran, trieb ihr den kalten Schweiß auf die Stirn. Sie hatte noch einen Funken Hoffnung, dass es Frau Mauth vielleicht wieder vergessen hatte.

Die erste halbe Stunde übten die Kinder nur das normale Brustschwimmen und Kraulen. Danach musste Johanna neidisch ihre Klassenkameraden vom Beckenrand aus beobachten, wie sie nach den Ringen auf dem Boden des Schwimmbeckens tauchten. Besonders Olaf und Gernot waren Meis-

Die mutige Johanna

ter in dieser Disziplin. Beide waren schon zehn, weil sie die zweite Klasse wiederholt hatten, und viel größer und kräftiger als der Rest der Klasse. Zudem waren die beiden die schlimmsten Spötter der Klasse, und Johanna hatte besonders unter ihnen zu leiden. Johanna und Moritz, ein schmächtiger Junge mit dünnen blonden Haaren, saßen beide ehrfurchtsvoll draußen und sahen zu. Gernot blickte herüber und grinste frech.

„Hey, dicke Johanna! Warum versuchst du es nicht auch? Das ist doch so einfach wie Fahrradfahren!" Er lachte böse. Fahrradfahren war auch nicht gerade Johannas Stärke.

„Vergiss es, Gernot." Olaf schrie so laut, dass es im ganzen Hallenbad zu hören war. „Die wird nie tauchen können. Fett schwimmt doch immer oben. Wenn die versucht abzutauchen, dann schießt sie immer wieder hoch – wie ein Korken!" Das schallende Gelächter der ganzen Klasse hallte ihr entgegen. Johanna schossen Tränen in die Augen, und sie senkte schnell den hochrotem Kopf. Diese gemeine Bande!

Kleine Geschichten, die Kindern helfen

Und als ob die Schmach nicht schon ausgereicht hätte, klatschte Frau Mauth jetzt noch laut in die Hände und ordnete an: „Auf das Sprungbrett, Kinder, wer sich traut. Hopp, hopp."

Einigen war ganz offensichtlich nicht sehr wohl dabei, aber da sie nicht ausgelacht werden wollten, folgten sie Gernot und Olaf, die beide mit breiter Brust voranschritten. Johanna und Moritz blieben an ihrem Platz am Beckenrand sitzen, und zwei andere Mädchen, die sich auch nicht trauten, gesellten sich zu ihnen. Gernot stellte sich auf das Sprungbrett, er verbeugte sich theatralisch, nahm einen kurzen Anlauf, stieß sich schwungvoll ab und legte einen perfekten Kopfsprung hin. Anerkennend nickten die umstehenden Kinder. Das konnte man fast nicht besser machen. Olaf war als nächster dran. Sein Blick traf den von Johanna, und er ließ sich die Gelegenheit nicht entgehen und schrie herüber: „Pass nur genau auf, dann lernst du es vielleicht auch noch, bevor wir Abitur gemacht haben!"

„Nie im Leben, Olaf," kam Gernots Antwort aus dem Wasser. „Die hat doch Angst, dass nachher das

94

Die mutige Johanna

Becken leer ist, wenn sie hineingesprungen ist!" Das erneute Gelächter traf Johanna wie eine Ohrfeige, aber besonders tat ihr weh, dass sogar Moritz ein Kichern nicht unterdrücken konnte. Sie stand auf und lief zu den Umkleiden. Die Stunde war Gott sei Dank fast vorbei, und so konnte sie sich wenigstens ohne einen dummen Spruch ihrer Klassenkameradinnen anziehen. Wie sie den Schwimmunterricht hasste!

Am nächsten Nachmittag war Johanna auf dem Weg zum Gemüsehändler, um für ihre Mutter einzukaufen. Von weitem schon sah sie Olaf und Gernot auf sie zukommen. Oje, warum blieb ihr das nicht erspart? Sie hatten Johanna aber noch nicht erblickt, und um ihnen nicht über den Weg zu laufen, versteckte sich das pummelige Mädchen schnell hinter einem Kastanienbaum. Sie hoffte,

dass die beiden in eine andere Richtung verschwinden würden. Aber sie hatte wieder einmal kein Glück, denn die beiden waren unweit von ihrem Versteck stehen geblieben. Johanna konnte beobachten, wie Gernot und Olaf Steinchen vom Boden aufhoben und nach einem großen schwarzen Hund warfen, der dort an einem anderen Baum festgebunden war. Das arme Tier zog und zerrte an seinem Halsband und sprang wie verrückt hin und her, um den Wurfgeschossen auszuweichen. Olaf und Gernot lachten jedes Mal vor Freude, wenn wieder ein Stein sein Ziel gefunden hatte. Der Hund fletschte Furcht erregend die Zähne, aber da die beiden Burschen sahen, dass er fest angebunden war, gab es für sie keinen Grund aufzuhören. Es machte ihnen einfach Spaß, den Hund zu ärgern. Johanna warf ihre Absicht, die beiden nicht zu treffen, über Bord. Das ging zu weit! Dass sich die beiden Jungen grundsätzlich an Schwächeren vergriffen, war schon schlimm genug, aber mussten sie jetzt auch noch einen hilflos angebundenen Hund quälen?

Die mutige Johanna

Johanna liebte Hunde über alles. Ihre Tante hatte selbst einen großen Schäferhundrüden, den Johanna öfters in den Feldern ausführen durfte. Entschlossen schritt Johanna hinter dem Baum hervor, um die zwei zur Rede zu stellen, als sie sah, dass sich der wütende Hund schließlich doch aus seinem Halsband gezwungen hatte. Für einen Moment wurde es unheimlich ruhig. Den beiden Übeltätern war das Lachen im Hals erstickt, und sie standen wie angewurzelt da. In der Stille hätte man eine Stecknadel fallen hören können. Der Hund schritt langsam mit gefletschten Zähnen, die groß und spitz waren, auf sie zu. Bis zu ihrem Versteck konnte Johanna das dumpfe Brummen des Tieres hören. Es gab keine Zeit zu verlieren, wollte sie ein Unglück verhindern. Schnell lief sie zu dem Baum, an dem das abgesteifte Halsband und die Leine noch befestigt waren. Mit fieberhaften Bewegungen versuchte sie, den Knoten zu lösen. Dabei beobachtete sie den Hund und ihre beiden Mitschüler aus den Augenwinkeln. Als sich die beiden gerade umdrehen wollten, um davonzulaufen, schrie sie

Kleine Geschichten, die Kindern helfen

ihnen forsch zu: „Halt, nicht bewegen. Wenn ihr wegrennt, fällt euch der Hund garantiert an. Bleibt, wo ihr seid und verhaltet euch ganz ruhig. Ich habe die Leine schon losgemacht." Und dann schritt Johanna langsam auf den Hund zu und fing an, beruhigend auf ihn einzureden. Das Tier drehte sich misstrauisch zu ihr um. Johanna streckte die Hand aus, und der Hund fing tatsächlich an, sie zu beschnüffeln. Wenn anfangs auch zögerlich und vorsichtig, stellte er doch schnell fest, dass von dem Mädchen keine Gefahr ausging. Johanna ging in die Hocke und streichelte dem Hund jetzt über das weiche Fell am Nacken. Die warmen braunen Augen blickten sie sanft an. Als er anfing, mit dem Schwanz zu wedeln, legte ihm Johanna das Halsband wieder um und kraulte seine Ohren. Es dauerte nicht lange, da legte sich der Hund auf den Rücken, um sich den Bauch streicheln zu lassen.

Gernot und Olaf waren sprachlos. Mit weit aufgerissenen Augen beobachteten sie, wie Johanna mit dem gewaltigen Tier, das sie fast angefallen hätte, schmuste.

Die mutige Johanna

Auch einige Passanten, die den ganzen Vorfall mitbekommen hatten, kamen jetzt näher. Ein älterer Herr mit Filzhut sprach Johanna an: „Das war ganz schön mutig von dir, Mädchen. So ein gefährliches Tier. Ein Biss und deine Hand wäre weggewesen."

„Quatsch", entgegnete Johanna. „Wenn Sie einen Hund gut behandeln, dann tut er Ihnen auch nichts. Wenn Sie ihn aber schlagen oder reizen, dann kann es schon sein, dass er Sie beißt."

Und dann wandte sich der ältere Herr an Gernot und Olaf, die sich immer noch nicht bewegt

Kleine Geschichten, die Kindern helfen

hatten: „Und ihr zwei Lausejungs seid froh, dass das Mädchen vorbeigekommen ist. Das, was sie gerade gemacht hat, hätte ich mich im Leben nicht getraut."

Ein junger Mann, ganz offensichtlich der Besitzer des Hundes, kam angejoggt, die Hände mit Einkaufstüten vollgepackt. Er war ganz außer Atem, als er fragte, ob etwas passiert war. Johanna warf einen kurzen Blick auf ihre beiden Mitschüler und meinte dann ganz belanglos: „Alles in Ordnung. Ihr Hund hat sich nur losgemacht, aber er hat sich dann von mir wieder ganz friedlich an die Leine legen lassen. So ein braves Tier." Darüber, dass der Hund von den beiden geärgert worden war, verlor sie kein Wort.

Als sich die Menschenansammlung schließlich aufgelöst hatte und nur noch Johanna, Gernot und Olaf übrig waren, traten die zwei Jungs ganz verlegen auf das Mädchen zu.

„Danke, Johanna," stammelte Gernot mit hochrotem Kopf. Und Olaf fügte hinzu: „Das hast du wirklich toll gemacht!"

100

Die mutige Johanna

Johanna zuckte mit den Achseln. Was sollte sie schon zu den beiden sagen. Das ganze Jahr schon hatten sie sie immer schikaniert, und sie war nicht sicher, ob dieser Vorfall daran in Zukunft etwas ändern würde. Aber, gerade so, als ob er Gedanken lesen konnte, sprach Gernot aus, womit Johanna nie gerechnet hätte: „Das mit den Hänseleien tut uns echt Leid. Von jetzt an werden wir dich nicht mehr ärgern."

„Und wenn du willst, dann zeigen wir dir auch, wie man taucht. Das ist wirklich kein Problem, du wirst schon sehen."

„Und der Sprung vom Drei-Meter-Brett?", fragte Johanna mit einem sanften Lächeln.

„Ist doch klar, den bringen wir dir auch bei", kam die Antwort wie aus einem Mund.

Vielleicht wird jetzt doch noch alles gut, dachte Johanna.

Oliver Höger

Als Markus verloren ging

Es war Einkaufssamstag. Markus war mit seiner Mutter unterwegs in ein großes Einkaufszentrum am Rande der Stadt. Meistens freute er sich darauf, denn es gab dort auch ein tolles Spielzeuggeschäft. Wenn seine Mutter nicht in Eile war, dann durfte er sich umsehen und mit dem neuesten Spielzeug spielen. Doch heute war sie schlecht gelaunt, denn es regnete. Sie saßen in der Straßenbahn, während der Regen an die Scheiben klopfte. Verstohlen warf er einen Blick auf seine Mutter. Sie hatte ihre Brille aufgesetzt und ein Buch in die Hand genommen. „So ein Wetter", schimpfte sie. Markus liebte Regen. Er fand es schön, im Warmen zu sitzen, wäh-

Als Markus verloren ging

rend es draußen kalt war. Manchmal, wenn im Park ein Gewitter aufzog, wollte er auf dem Spielplatz bleiben. Alle anderen Kinder liefen weg, aber er fand es schön, durch den Regen zu laufen.

„Kann ich heute in die Spielzeugabteilung?", fragte er. Er setzte dazu ein liebes Gesicht auf, damit seine Mutter ja sagen musste.

„Nein", war aber die Antwort. Markus war enttäuscht.

„Aber warum nicht?", fragte er ärgerlich.

„Weil ich sehr viel zu tun habe. Deswegen. Dein Vater hat Geburtstag, und ich muss ein schönes Geschenk finden. Das dauert." Sie wandte sich wieder ihrem Buch zu.

Markus blickte aus dem Fenster. „Ich könnte doch allein in dem Geschäft bleiben und spielen, bis du wiederkommst", sagte er. Seine Mutter antwortete nicht. Er piekste sie in den Arm.

„Wir werden sehen", seufzte sie. Das war zumindest ein Anfang.

Als sie ausstiegen, spannte sie einen Schirm auf. „Schnell", rief sie und lief zum Eingang des Ein-

103

Kleine Geschichten, die Kindern helfen

kaufszentrums. Es war voller Menschen. Da es regnete, konnte keiner einen Ausflug aufs Land machen und so strömten sie in Massen durch die Gänge.

Markus wollte in den ersten Stock, doch seine Mutter hatte schon ein anderes Geschäft angesteuert: Herrenmoden. Markus verzog das Gesicht. Er lief durch das Geschäft und sah sich alles an, während seine Mutter eine Krawatte aussuchte. Zwischen den Kleiderständern standen Puppen. Man hatte ihnen die neueste Mode angezogen. Markus fragte sich, ob er ihnen vielleicht etwas anderes anziehen sollte. Das wäre doch lustig. Er blickte um sich und fand ein hellblaues Hemd, das ihm gut gefiel. Doch die Puppe war sehr groß, und so musste er sich auf die Zehenspitzen stellen.

Gerade als er dabei war, die Puppe auszuziehen, kam eine Verkäuferin. „Na kleiner Mann, was machst du denn da?", fragte sie und nahm ihm das Hemd aus der Hand. „Das legen wir jetzt schön wieder zurück. Wo ist denn deine Mami?" Markus sah sich um. Er hatte keine Ahnung, und ehrlich ge-

Als Markus verloren ging

sagt, war es ihm ganz egal. Die Verkäuferin nahm ihn an der Hand. Seufzend sah er auf die Puppe. Schließlich entdeckten sie seine Mutter. Die Verkäuferin wechselte ein paar Worte mit ihr, doch Markus hörte nicht zu. Er wollte spielen.

„Gefällt dir die Grüne oder die Rote besser?", fragte seine Mutter und hielt ihm zwei Krawatten vor die Nase. Markus schaute von der einen zu der anderen. Er hatte noch nie verstanden, warum man sich so etwas um den Hals band. Schließlich zeigte er auf die Grüne. „Bist du sicher?" Seine Mutter schaute zweifelnd. Markus nickte, denn er wollte das Geschäft endlich verlassen. „Wir schauen uns besser noch woanders um", meinte sie dann.

Als sie auf den Gang traten, blieb seine Mutter einen Augenblick stehen. „Ich brauche ja noch Brot", sagte sie dann und nahm Markus an der Hand. Als sie zur Bäckerei kamen, stand eine lange Schlange vor ihnen. Markus drängte sich vor und klebte seine Nase an die Vitrine. Was sah er da nicht für leckere Sachen. Kuchen, Torten mit und ohne Schokolade. In einer Ecke war eine Figur aus Marzi-

105

Kleine Geschichten, die Kindern helfen

pan. Dann entdeckte er sogar eine Schaumrolle. Seine Mutter war inzwischen an der Reihe und bestellte einen Laib Brot.

"Mama!" Er zupfte sie an der Jacke. "Kann ich eine Schaumrolle haben?", fragte er.

"Nein, das ist nicht gut für deine Zähne", sagte sie. "Und außerdem isst du sie sowieso nie auf." Sie nahm das Brot und bezahlte.

"Gehen wir jetzt endlich in die Spielzeugabteilung", fragte Markus, aber seine Mutter schüttelte nur den Kopf. Sie schleppte ihn von einem Geschäft zum nächsten. Schließlich wurde er müde und setzte sich mitten auf den Boden.

"Ist dir auch so langweilig?", fragte ein Junge, der gerade vorbeikam. Er hatte eine Latzhose an und eine Jacke, die ihm viel zu groß war.

Markus nickte. "Ich möchte ins Spielzeuggeschäft, aber meine Mutter will nicht. Sie sagt, sie hat keine Zeit dafür."

„Das kenne ich", meinte der Junge. „Das sagt meine Mutter auch immer. Sie blickten beide auf ihre Mütter, die hektisch auf den Ladentischen wühlten. „Weiß du was, wir gehen einfach. Das fällt ihnen sowieso nicht auf", schlug der fremde Junge vor. Markus war sich nicht sicher. Bestimmt würde es dann wieder Ärger geben. Andererseits ging es ihm auf die Nerven, ständig auf seine Mutter warten zu müssen.

„Also gut", sagte er schließlich, und sie gingen los. Paul, so hieß der fremde Junge, kannte den Weg, und es dauerte nicht lange, bevor sie vor der Auslage standen. „Wahnsinn", flüsterte Markus. Dieses Geschäft hatte immer eine magische Anziehungskraft auf ihn. Die Auslage war voll mit Spielzeug. Eine elektrische Eisenbahn fuhr zwischen einem großen Stoffteddy und einer Puppe.

„Los, gehen wir rein." In einer Ecke des Raumes stand ein großes Piratenschiff. Es war größer als Markus, und er träumte davon, es in seinem Zimmer zu haben. Daneben gab es Spielzeugautos in allen Größen.

Kleine Geschichten, die Kindern helfen

Als Markus verloren ging

„Schau mal!" Paul zeigte auf einen gelben Lieferwagen.

„Und ein Traktor!", rief Markus, der Traktoren liebte. Da waren noch zwei Sportautos, ein Bus, ein grünes und rotes Auto. Sie schnappten sich den Lieferwagen und den Traktor.

„Los, machen wir ein Rennen." Sie knieten sich auf den Boden und los ging es. Mit einem Auto in der Hand fuhren sie zwischen den Beinen der Erwachsenen herum. „Ich bin schneller", rief Markus.

„Nein ich", rief Paul. Schließlich wurden sie von einem Verkäufer gestoppt, der sich ihnen in den Weg stellte.

„Junger Mann", sagte er streng zu Markus. „Dies ist ein Geschäft und kein Spielplatz." Er nahm ihnen die Autos ab und ging steif davon.

Paul verdrehte die Augen. „Erwachsene!", sagte er. Sie gingen zu den Plüschtieren. Ein Tiger lag majestätisch auf einem roten Samttuch. Daneben saß ein brauner Bär. Ein Affe hatte eine Banane in der Hand und saß neben einem Hasen.

Kleine Geschichten, die Kindern helfen

Bewundernd strich Markus über den Tiger. „Den hätte ich gerne", sagte er.

Paul nahm den Bären in die Hand. „Der Bär ist aber auch nicht schlecht", meinte er. „Sieh mal die Krallen." Sie nahmen die Stofftiere an sich und gingen weiter.

„Lego!", rief Markus. Begeistert machten sie sich über die Legosteine her. Damit konnte man alles Mögliche bauen. Sie leerten den Kübel auf dem Boden aus. Paul baute einen Turm.

„Der wird so hoch, der geht dann sogar bis zur Decke."

„Ich baue ein Haus für den Tiger", sagte Markus. Er hatte das Stofftier neben sich gelegt. So bauten sie den ganzen Nachmittag. Schließlich war das Geschäft schon fast leer. „Wo sind denn alle hin?", fragte Markus schließlich.

„Nach Hause gegangen", meinte Paul. „Das sollten wir jetzt auch."

„Aber ich weiß doch gar nicht, wo ich wohne." Markus war den Tränen nahe. „Ich bin doch immer mit meiner Mutter hier."

110

Als Markus verloren ging

„Dann suchst du sie mal besser. Tschüß." Paul verschwand zwischen den Menschen.

Nun war Markus ganz alleine und bekam es mit der Angst zu tun. Wohin er auch sah, überall waren fremde Menschen. Wie hatte er nur so blöd sein können, seine Mutter zu verlassen. Nun würde er sie nie wieder finden. Da war er sich ganz sicher. Das Spielzeug war plötzlich nicht mehr wichtig. Er nahm seine Jacke und lief aus dem Geschäft. Draußen gingen Menschen in Riesenschritten an ihm vorbei. Jetzt musste er nachdenken. Wo war denn nur das Geschäft, in dem er seine Mutter das letzte Mal gesehen hatte. Er lief die Treppen rauf und runter und blickte in jedes Geschäft. „Mama, Mama?" Verzweifelt rief er um sich. Schließlich setzte er sich neben eine Auslage und fing an zu weinen.

„Was hast du denn?", fragte eine Frau, die stehen geblieben war. Markus antwortete nicht. Seine Mutter hatte ihm verboten, mit fremden Menschen zu sprechen. „Hast du deine Mutter verloren?" Sie ging in die Hocke und sah ihn mitfühlend an. Mar-

Kleine Geschichten, die Kindern helfen

kus nickte. Die Frau wirkte sehr nett, aber er war noch immer vorsichtig. „Ich verstehe, dass du nicht mit mir sprechen darfst. Aber so kann ich dir nicht helfen." Markus blickte sie an. Sie war sehr jung und hatte ein Kind an der Hand. Also war sie selbst eine Mutter. Da war es wohl in Ordnung.

„Mein Name ist Markus", sagte er.

„Markus", wiederholte sie. Dann nahm sie ein Brötchen aus ihrer Tasche und brach es in zwei Hälften. Eine davon reichte sie ihm und die andere ihrer Tochter. „Wir werden deine Mutter schon finden. Ohne dich ist sie ja nicht weggefahren."

„Bist du sicher?", fragte Markus. „Sie ist bestimmt böse auf mich und hat mich nicht mehr lieb. Ich bin nämlich weggelaufen."

„Natürlich hat sie dich lieb", beruhigte sie ihn. „Und sie sucht dich sicher ganz verzweifelt." Sie brachte ihn zu einer Informationsstelle. Ein Herr machte eine Durchsage über die Lautsprecher.

„Hier ist Markus, der seine Mutter sucht. Bitte melden Sie sich bei der Informationsstelle. Vielen Dank." Der Lautsprecher surrte.

„Ich werde hier warten, bis sie kommt," meinte die nette Frau.

Es dauerte nicht lange, und Markus sah seine Mutter um die Ecke stürmen. „Mami, Mami!" Er lief ihr entgegen, und sie nahm ihn in die Arme.

„Wo warst du denn?", fragte sie und weinte.

„Ich war in der Spielzeugabteilung. Es tut mir so Leid, Mami. Ich werde nie wieder weglaufen."

Seine Mutter bedankte sich bei der jungen Frau, die Markus gefunden hatte. Dann nahmen Markus und seine Mutter sich an den Händen und fuhren nach Hause. „Ich hab dir eine Schaumrolle gekauft", sagte sie. „Ich hatte so ein schlechtes Gewissen, weil ich mir keine Zeit für dich genommen habe."

„Das ist schon in Ordnung", sagte Markus. „Man kann halt nicht immer spielen."

Glücklich, dass sie sich gefunden hatten, bissen sie in die Schaumrolle. Dann legte Markus den Kopf auf den Schoß seiner Mutter und träumte vom Spielzeugland.

Claudia Weinhapl

Alter Teddy, neue Puppe

„Bekommt Teddy denn heute kein Frühstück?", fragte Muriels Mutter, während sie ihr Ei aufklopfte.

„Nein", antwortete Muriel trotzig und löffelte ihre Cornflakes.

Ihr Vater, der gerade in die Küche kam, sagte: „Aber warum denn nicht? Ich kann mich an kein Frühstück erinnern, bei dem Teddy nicht dabei war."

Muriels Mutter schluckte ihr Ei herunter und meinte: „Na, vielleicht ist Teddy krank, und wir sollten ihm einen Kamillentee machen."

„Der ist nicht krank", murmelte Muriel und steckte ihre Nase noch tiefer in ihre Cornflakes-Schale, „der ist nur alt und stinkt."

Ihr Vater lachte, und ihre Mutter fragte: „Soll ich ihn waschen, wenn du im Kindergarten bist?"

„Dann ist er immer noch alt", trotzte Muriel. „Ich will den nicht mehr. Kein Mädchen hat mehr

114

Alter Teddy, neue Puppe

einen Teddy." Das Wort Teddy sprach Muriel dabei so aus, als wäre es eine ganz fiese Krankheit oder so was Ekliges wie ein Spinnennest. „Teddys sind blöd und nur was für kleine Kinder. Ich werde bald fünf."

„Übermorgen." Ihr Vater nickte.

„Eben. Ich bin nicht mehr klein. Ich will keinen Teddy. Ich will eine Puppe. So eine, wie sie alle haben." Und Muriels Gesicht begann zu strahlen, als sie die Puppe beschrieb: Ganz schlank war sie und hatte lange blonde Haare. Die gab es auch mit schwarzen Haaren, aber die war nicht so schön. Außerdem hatte die Puppe ganz viele Anziehsachen, ein Prinzessinnenkostüm, ein Ballkleid, Ballettsachen, Jeans und sogar Badeanzüge. Und man konnte die Haare bürsten und ihr jeden Tag eine neue Frisur machen.

Und während Muriel immer mehr von ihrer Wunschpuppe schwärmte, schwebte ihre Stimme aus der Küche hinaus und über den Flur in ihr Kinderzimmer. Dort lag Teddy immer noch unter dem Bett, die Nase zwischen Kisten und Kartons

115

Kleine Geschichten, die Kindern helfen

geklemmt. Da hatte Muriel ihn nämlich nach dem Aufstehen hastig hingeworfen. „Du bist alt, und du stinkst", hatte sie gesagt und ihn einfach weggeworfen.

Teddy wusste, dass er alt war, nämlich fast fünf, und dass er, na sagen wir mal, nicht ganz frisch roch. Aber das kam daher, dass Muriel ihn immer und überall mit hinnahm. Teddy war, solange er denken konnte, in ihrer Nähe. Er schlief neben ihr im Bett und beschützte sie vor bösen Träumen. Teddys können das nämlich. Sie fangen die Träume, schlucken sie herunter und schon ist der Traum weg. Einem Teddy macht das nichts. Er schaukelte mit ihr und fiel dabei mehr als einmal in Pfützen. Er saß am Rand der Badewanne, wenn sie badete, und platschte manchmal, ohne sich zu

Alter Teddy, neue Puppe

beklagen, ins Badewasser. Er war dabei, wenn sie mit ihren Freundinnen Kochen spielte und ihn fütterte. Er aß alles, was sie ihm kochte. Wassersuppe, Kakao und Sandkuchen. Natürlich schwappte da mal etwas auf sein Fell.

Aber das alles war ihm egal. Das Wichtigste in seinem Leben war, ganz nah bei Muriel zu sein. Tag und Nacht. Und so war es heute Morgen ein richtiger Schock für ihn, als sie sagte, dass er alt wäre und stänke. Oh, oh, oh, dachte er da noch, dann komme ich nachher wieder in die Waschmaschine. Die Waschmaschine mochte er. Besonders das Schleudern, wenn sich die ganze Welt wie verrückt um ihn drehte. Aber als er jetzt hörte, wie sie von dieser Puppe schwärmte, da wurde er doch traurig. Konnte das wirklich bedeuten, dass sie ihn nicht mehr wollte?

Schon sah er ihre kleinen Beine in geringelten Söckchen durch das Zimmer tanzen. Ja, sie tanzte tatsächlich, weil sie sich freute. „Ich bekomme eine Puppe!", sang sie, und immer wieder: „Ich bekomme eine Puppe!"

117

Kleine Geschichten, die Kindern helfen

Dann griff ihre Hand unters Bett. Teddy spürte ihre warmen Finger und freute sich, dass sie ihn doch nicht vergessen hatte. Sie würden also gemeinsam eine Puppe bekommen. Na gut.

Aber weit gefehlt. Mit Schrecken sah er, wie Muriel die rote Kiste öffnete. Dann drehte sich einmal kurz das ganz Zimmer, und Teddy fand sich in der Kiste wieder. Muriel, wollte er noch sagen, da schloss sich auch schon der Deckel über ihm, und er lag zwischen Bauklötzen, angekauten Stiften und zerfledderten Heften.

Ein paar Minuten später hörte er, wie Muriels Schuhe auf dem Holzboden im Flur klackten, dann schloss sich die Wohnungstür, und es war still. Später holt sie mich bestimmt wieder heraus, dachte er und nahm sich vor, bis dahin erst mal einen richtigen Teddyschlaf zu halten. Was sollte er sonst machen? In dieser dunklen Kiste?

Alter Teddy, neue Puppe

Hätte er gesehen, wie Muriel im Kindergarten herumtanzte und all ihren Freundinnen erzählte, dass sie jetzt auch eine Puppe bekommen würde, er hätte nicht so ruhig geschlafen.

Am Nachmittag weckten ihn ihre Schritte, er hörte, wie Muriel sich am Kleiderschrank umzog und dann rief: „Ich bin bei Annabelle." Sie hatte ihn nicht mitgenommen. Hatte sie ihn vergessen? Dachte sie denn gar nicht mehr an ihn?

Nein, das tat sie nicht, auch nicht am Abend, als sie zu Bett ging und genauso wenig am folgenden Tag. Da räumte sie nämlich ein Regalbrett leer, auf dem sie die ganzen Kleider ihrer Puppe ausstellen wollte. Sie sprang auf ihr Bett, stützte die Hände auf die Knie und besah sich das Regal noch einmal genau. Zufrieden nickte sie. „Mama, ich brauche noch ein kleines Kopfkissen für die Puppe und einen Namen müssen wir uns auch noch ausdenken!", rief sie quer durch die Wohnung.

„Du hast sie doch noch gar nicht!", rief die Mutter aus dem Wohnzimmer zurück.

„Aber morgen", sagte Muriel hoffnungsvoll.

Kleine Geschichten, die Kindern helfen

Als sie am nächsten Morgen erwachte, stürmte sie sofort ins Wohnzimmer, in dem ihre Geschenke aufgebaut waren. Ihre Eltern warteten bereits. Noch während sie von ihnen geküsst und beglückwünscht wurde, suchten ihre Augen die Pakete ab. Hatte da eines die richtige Größe? Ja, das rote! Muriel ließ alle anderen Pakete unbeachtet liegen, stürmte auf das große Paket zu und zerriss ungeduldig das Geschenkpapier.

Alter Teddy, neue Puppe

Es war die Puppe. „Oh danke! Danke!", rief sie immer wieder. Ihre Eltern hatten die Puppe mit den langen blonden Haaren ausgesucht. Die fand Muriel auch viel schöner, als die mit den schwarzen Haaren, weil Muriel nämlich selbst blond war. Sie holte die Bürste und den Kamm aus der Verpakkung und fing sofort an, ihrer Puppe die Haare zu frisieren. Denn die Puppe sollte ja im Kindergarten gut aussehen. Sie zog ihr Jeans und eine Bluse an, raffte die Haare zu einem Zopf zusammen und gab ihr noch ein kleines glitzerndes Armband.

Alle Mädchen im Kindergarten bewunderten ihre Puppe. Später zur Geburtstagfeier wollten sie alle ihre Puppen mitbringen. Während sie am Nachmittag Kakao tranken und selbst gebackenen Apfelkuchen aßen, redeten sie ununterbrochen von Frisuren und neuen Kleidern für ihre Puppen. Später saßen sie zu fünft in Muriels Zimmer und frisierten, putzten, schminkten ihre Puppen, zogen sie an, zogen sie aus und zogen sie um.

Dann kam der Höhepunkt des Nachmittags: Die Mädchen wollten nämlich gemeinsam einen

Kleine Geschichten, die Kindern helfen

Namen für Muriels Puppe finden. Einen, der auch wirklich zu ihr passte. Nur leider waren schon so viele schöne Namen vergeben. Constanze und Sissi gingen nicht mehr.

„Sandra?", fragte eine.

„Nein, die Puppe von Anke heißt doch schon so."

Katja? Marie? Chantal? Virginia? Patrizia? Annabelle? Annabelle kicherte. Kein Name passte. Als die Eltern abends ihre Kinder abholten, hatte die Puppe immer noch keinen Namen.

Und Teddy? Der lag noch immer in der roten Kiste und hörte die Stimmen der Mädchen. Er dachte daran, dass sie früher bei Geburtstagsfeiern alle gemeinsam im Garten gespielt hatten. Kleine Geschenke für die Gäste waren überall versteckt gewesen, und alle hatten nach Geschenken und nicht nach Namen gesucht.

Am Abend schlug Muriel ihre Decke auf und legte die Puppe vorsichtig auf ein kleines Kissen mit Sternen und deckte sie sorgfältig zu. Sie selbst legte ihren Kopf auf den Arm und sah ihre Puppe lange

Alter Teddy, neue Puppe

mit strahlenden Augen an. „Weißt du was, ich nenne dich einfach nur Puppe. Solange, bis mir ein wirklich schöner Name einfällt." Damit schlief Muriel ein.

Schon bald hörte Teddy in seiner Kiste, wie Muriels Atem unruhig wurde. Das Bett raschelte, und manchmal hörte er sogar ein leises Wimmern. Warum tut die denn nichts?, dachte er. Doch die Geräusche wurden lauter. Hin und wieder klang ein leidendes *Mama* herüber. Einmal glaubte er sogar, *Teddy* gehört zu haben. Die muss doch nur die bösen Träume fangen, dachte er und wurde langsam böse. So lange er zurückdenken konnte, hatte Muriel nie, aber auch wirklich niemals schlecht geschlafen. Und er konnte genau fünf Jahre zurückdenken.

Wieder wimmerte Muriel. Jetzt reichte es ihm. Mit all seiner Kraft versuchte er, den Deckel der Kiste hochzuheben. Doch so sehr er auch drückte und stemmte, es gelang nicht. „Tu doch was!", rief er, aber niemand antwortete. Teddy drehte sich auf den Rücken und stemmte seine Beine gegen den

123

Kleine Geschichten, die Kindern helfen

Deckel. Denn in den Beinen hatte er viel mehr Kraft als in den Armen. Endlich flog der Deckel von der Kiste. Teddy krabbelte über Hefte und Stifte und alte Spielzeugtöpfe aus der Kiste, kletterte über den Rand und erschrak, weil die Kiste doch ganz schön hoch war.

Langsam ließ er sich über den Rand gleiten, Beine zuerst, mit den Pfoten klammerte er sich an der Kiste fest. Aber da war leider noch kein Boden unter seinen Füßen. Er schloss die Augen, zählte bis drei und ließ sich fallen. Schmerzhaft landete er auf seinen Füßen. Doch das war ihm egal.

124

Alter Teddy, neue Puppe

Er kraxelte mühsam das Bett hinauf. Dort wälzte sich Muriel immer noch herum, ihre kleinen Hände waren in der Bettdecke verkrampft.

„Du musst dich an sie kuscheln", sagte er zu der Puppe.

Doch die hob nur gelangweilt ihren Kopf und sah ihn an: „Damit meine Haare durcheinander kommen?"

Teddy verstand das nicht. „Das ist doch egal!", rief er, „Nur wenn du dich an sie kuschelst, kannst du die bösen Träume fangen."

Die Puppe drehte sich von Teddy weg und murmelte: „Böse Träume fangen. Pah!" Teddy überlegte noch, was er jetzt machen konnte, da drehte sich die Puppe wieder zu ihm um: „Außerdem ist das hier unser Bett. Da hast du nichts zu suchen."

„Aber ich habe immer auf Muriel aufgepasst", sagte er.

„Jetzt nicht mehr", sagte die Puppe kalt, „außerdem bist du alt und stinkst."

Traurig ließ sich Teddy vom Bett fallen und ging zur Kiste zurück. „Die kann gar keine Träume fangen, die kann nur hübsch sein", dachte er. Er aber würde die ganze Nacht wach bleiben und versuchen, wenigstens die ganz bösen Träume in dem Zimmer zu fangen. Aber irgendwann ist er dann doch eingeschlafen. Nur einmal wurde er kurz wach. Das war, als er etwas Hartes auf den Boden plumpsen hörte. Da der Mond aber schon untergegangen war, konnte er nicht sehen, was es war, und schlief bald wieder. Er bemerkte nicht einmal, wie später eine Hand nach ihm griff.

„Hey, was ist das denn?", rief Muriels Vater am nächsten Morgen beim Frühstück.

„Haben wir etwa Besuch?", fragte die Mutter.

„Das ist Teddy", sagte Muriel stolz und lachte.

„Ist der nicht alt und stinkt?", wollte ihre Mutter wissen.

„Egal", antwortete Muriel knapp.

„Und deine Puppe?"

„Die ist hart und gar nicht kuschelig. Außerdem pieksen die doofen Haare so in meiner Nase, dass ich nicht richtig schlafen kann. Die riecht nach Plastik, und mir fällt keine Name für sie ein."

Alter Teddy, neue Puppe

„Und wo ist die jetzt?"

„In der Kiste."

„Na, was werden denn deine Freundinnen sagen, wenn du wieder mit deinem Teddy kommst."

„Auch egal. Ich glaube nämlich, dass der mich wirklich lieb hat und aufpasst, dass ich gut schlafe. Die doofe Puppe macht das nicht."

Muriel kuschelte Teddy ganz dicht an sich und kraulte seine Ohren. Sie hob vorsichtig ein paar Cornflakes auf ihren Löffel und hielt sie vor Teddys Nase. „Hunger?", fragte sie.

Michael Engler

Zahnschmerzen

Die Sonne schien schon hell ins Zimmer und kitzelte Ludwig auf der Nase. Er blinzelte. Irgendetwas tat ihm weh, aber er war noch ganz verschlafen und drehte sich auf die andere Seite. Aua! Nun war er plötzlich hellwach. Einer der Zähne rechts oben tat höllisch weh. Sofort setzte er sich auf und hielt sich die rechte Wange. So fand ihn seine Mutter wenig später, als sie ihren Kopf ins Zimmer steckte. „Aber was ist denn los, mein Schatz?", fragte sie besorgt.

Ludwig deutete auf seine Backe. „Mein Zahn", nuschelte er.

„Lass mal sehen." Seine Mutter schleppte ihn ins Badezimmer und drehte seinen Kopf, um besser sehen zu können. „Warte kurz." Sie verschwand und kehrte mit einem Taschenspiegel zurück. Den schob sie in seinen Mund und suchte nach der Ursache für den Schmerz. „Ich glaube, dein Zahn ist entzündet. Ich rufe gleich mal Doktor Kittel an."

Zahnschmerzen

„Nein, bitte nicht!", rief Ludwig, aber sie war schon verschwunden. Er hörte sie durch die halb geöffnete Wohnzimmertür telefonieren. So sehr der Zahn auch weh tat, viel mehr Angst hatte Ludwig vor dem Arzt. Schnell lief er in sein Zimmer und verkroch sich unter dem Bett. Wenig später kam seine Mutter und suchte nach ihm. „Ludwig, anziehen. Wir können gleich vorbeischauen. Der Herr Doktor nimmt sich jetzt Zeit für dich. Ludwig?" Sie zog das strampelnde Kind unter dem Bett hervor. „Sei doch nicht dumm. Wir wollen dir ja nur helfen."

Ludwig schmollte den ganzen Weg. Seine Mutter hatte ihm ein Halstuch um den Kopf gebunden. In der einen Hand hielt er Hansi, seinen rosa Plüschhasen. Von der Straßenbahn bis zur Arztpraxis erklärte sie ihm, wie wichtig dieser Besuch beim Arzt war. Aber Ludwig hörte nicht zu. Er war ein Kind

129

Kleine Geschichten, die Kindern helfen

und hatte Angst vor Ärzten. Warum nur musste sie ihn zwingen, dort hinzugehen. Der Schmerz würde schon von selbst verschwinden.

Als sie die Praxis betraten, saß eine junge Arzthelferin bei der Anmeldung. Ludwig wartete in einer Ecke, während ihm seine Mutter die Jacke auszog. Dann ging sie zu der Schwester und nannte ihren Namen. Die Arzthelferin lächelte. „Ach ja. Ludwig hat also Zahnschmerzen. Nehmen Sie bitte im Warteraum Platz", hörte Ludwig sie sagen. Seine Mutter nahm ihn bei der Hand und führte ihn in den Warteraum. In einer Ecke stand ein kleiner Tisch mit Zeitungen für die Erwachsenen. Für die Kinder gab es ein eigenes Regal. Darin standen Bilderbücher und auch einige Spielsachen. Seine Mutter hatte inzwischen Platz genommen und las in einer der Zeitungen. Ludwig blickte sich unschlüssig um. Es befanden sich mehrere Leute im Warteraum. Ein junger Mann hatte einen Block auf seinen Knien liegen und machte sich Notizen. Daneben saß eine junge Frau, die eine dicke Brille auf der Nase hatte. Sie las in einem Buch und warf

Zahnschmerzen

ihm einen freundlichen Blick zu. Etwas weiter weg saß eine alte Frau und strickte. Sie alle schienen sich überhaupt nicht zu fürchten. Ludwig nahm ein Buch aus dem Regal. Auf der ersten Seite war ein Zahn abgebildet. Daneben eine Zahnbürste und darunter wurde erklärt, wie man sich richtig seine Zähne putzt. Ludwig blätterte weiter und sah sich einige der Bilder an. Eines davon zeigte, was passiert, wenn man nicht auf seine Zähne aufpasst. Der weiße Zahn war mit rotem Karies überzogen. Er legte das Buch zurück. Weiter unten lag ein großes Gebiss aus Plastik. Er nahm es gerade in die Hand, als die Tür aufging und ein Mädchen mit ihrer Mutter eintrat. Das Mädchen war ungefähr in seinem Alter. Langsam ging sie zu einem der Stühle und setzte sich. Auch sie schien keine Angst vor dem Zahnarzt zu haben.

Mit dem Gebiss in der Hand schlenderte er zu ihr hinüber. „Hallo, ich heiße Ludwig", sagte er schließlich.

Das Mädchen sah ihn verblüfft an. „Hanni", sagte sie dann.

Kleine Geschichten, die Kindern helfen

„Mein Zahn tut weh", sagte Ludwig, aber das Mädchen gab ihm keine Antwort. Er zeigte auf das Gebiss. „Genau hier tut es mir weh." Hanni nahm das Gebiss in die Hand.

„Und, hast du Angst?", fragte sie.

Ludwig nickte. „Du nicht?"

„Nein", erwiderte sie. „Zuerst tut es weh, aber der Arzt kann den Schmerz wegmachen." Ludwig verzog das Gesicht. Das konnte er nicht wirklich glauben. Er nahm das Gebiss wieder an sich und ging zurück zum Regal. Nach einiger Zeit ging die Tür erneut auf, und ein kleiner Junge betrat das Wartezimmer. Genauso wie Ludwig hatte er schreckliche Angst. Er setzte sich auf den Schoß seiner Mutter und sah sich ganz verängstigt um. Ludwig war erleichtert. Er war also nicht der einzige, der Angst hatte.

Seine Mutter war noch immer in die Zeitung vertieft, also ging er zu dem Jungen . „Möchtest du mit mir spielen?", fragte er. Der Junge nickte. Sie setzten sich zusammen vor das Regal und schauten sich die Bücher an. Der Junge war noch sehr klein und

132

Zahnschmerzen

konnte nicht lesen, also erklärte Ludwig ihm, worum es in den Büchern ging.

„Was glaubst du, wird der Zahnarzt mit mir machen?", fragte der Kleine.

Ludwig überlegte. Er konnte sich an seinen letzten Zahnarztbesuch nicht mehr erinnern. „Ich weiß nicht. Ich glaube, es gibt da einen großen Stuhl, auf den man sich setzten muss. Und dann schaut er in deinen Mund."

Der Junge verzog das Gesicht. „Und nimmt er dann den Zahn raus?", fragte er.

„Vielleicht", antwortete Ludwig. Er wünschte sich, dass die ganze Sache schon vorbei wäre. Dann könnte er endlich nach Hause gehen.

Die Arzthelferin steckte ihren Kopf durch die Tür. „Ludwig, du bist dran", sagte sie lächelnd. Ludwig schluckte.

„Viel Glück", meinte der Junge. „Sag mir dann Bescheid, wie es war."

Doktor Kittel wartete schon im Behandlungsraum auf Ludwig. Er hatte einen weißen Mantel an und schüttelte ihm die Hand. Auch das Zimmer war

Kleine Geschichten, die Kindern helfen

ganz weiß. In der Mitte stand ein Stuhl mit einer Lehne, die man zurückklappen konnte. Darüber befand sich eine Lampe, die genau in den Mund des Patienten leuchtete. Daneben war ein kleiner Tisch mit allerlei Geräten, ein Glas Wasser zum Mundausspülen und ein Hocker für den Arzt. Seine Mutter nahm in einer Ecke Platz, während Ludwig auf den Stuhl kletterte. Doktor Kittel klappte die Lehne zurück, sodass Ludwig beinahe waagrecht lag. Das war ja eigentlich ganz bequem, aber die Lampe schien genau in sein Gesicht. Ludwig blin-

Zahnschmerzen

zelte, und der Arzt lachte. „Keine Angst. Das Licht ist nur dafür da, dass ich besser sehe." Dann streifte er sich Gummihandschuhe über seine Finger.

Ludwig blickte auf den Tisch mit den Geräten. Sie waren länglich und aus einem Metall, das in der Sonne glänzte. Hoffentlich verwendet er nichts davon. Die sehen so gefährlich aus, dachte er.

„Mund auf", befahl der Arzt, und Ludwig gehorchte. Mit Schrecken sah er, dass der Doktor eines der Instrumente nahm und in seinen Mund steckte. Er konnte das Metall auf seiner Zunge fühlen. Es war ganz kalt. Ludwig schauderte. „Aber, aber, junger Mann. Wir brauchen doch keine Angst zu haben", meinte der Doktor. Rasch untersuchte er alle Zähne. „Aha. Da haben wir den Übeltäter."

„Was ist denn los, Herr Kittel?", schaltete sich Ludwigs Mutter ein.

„Nun, Ludwig hat ein Loch in seinem Zahn. Ich werde den Zahn reinigen und ihm dann eine Plombe verpassen." Ludwig hatte keine Ahnung, was das bedeutete. „Das bedeutet, dass ich das Loch mit einem Material stopfe", erklärte Doktor Kittel. Er

135

Kleine Geschichten, die Kindern helfen

nahm einen kleinen Schlauch und steckte ihn in Ludwigs Mund. Dieser Schlauch sollte den Speichel absaugen, damit der Arzt besser sehen konnte. Der Schlauch kitzelte. Eigentlich war das ganz lustig, aber dann nahm der Arzt den Bohrer zur Hand. „Das wird nun ein bisschen weh tun", sagte er.

Ludwig hielt seiner Mutter die Hand hin. Sie war an den Stuhl getreten und nahm seine Hand. „Keine Angst, Schatz. Du schaffst das schon", sagte sie aufmunternd. Ludwig schloss die Augen. Dann fühlte er den Bohrer an seinem Zahn. Es war ein unangenehmes Gefühl, aber gar nicht so schlimm, wie er gedacht hatte.

Schließlich wurde der Bohrer abgeschaltet. Ludwig nahm einen Schluck Wasser und spülte den Mund damit aus. Als er das Glas zurückstellte, schaltete sich der Wasserhahn automatisch ein und füllte das Glas wieder randvoll. „Toll", rief Ludwig. Dann steckte Herr Kittel den Schlauch zurück in Ludwigs Mund. Der Doktor hatte eine dunkle Masse vorbereitet, mit der er nun das Loch stopfte. „So", meinte er schließlich. „Fertig. Du darfst die nächsten paar

Stunden nichts essen. Dann ist alles wieder in Ordnung."

„Vielen Dank, Herr Doktor", sagte seine Mutter. Der Sessel, auf dem Ludwig saß, wurde wieder hochgeklappt, sodass er sich aufsetzen konnte. „War doch gar nicht so schlimm", meinte seine Mutter auf dem Weg nach draußen.

Das Mädchen aus dem Warteraum kam ihnen entgegen. „Und?", fragte sie.

„Du hattest Recht", antwortete Ludwig. „Jetzt geht es mir viel besser." Sie lächelte und verschwand im Behandlungsraum. „Ich muss noch kurz etwas erledigen", sagte Ludwig zu seiner Mutter und suchte den kleinen Jungen. Dieser saß ängstlich vor dem Regal mit den Spielsachen und sah sich das Plastikgebiss an. Als Ludwig das Zimmer betrat, leuchtete sein Gesicht auf.

„Ist es sehr schlimm?", fragte er besorgt.

Ludwig schüttelte den Kopf. „Überhaupt nicht. Es ist sogar lustig. Es gibt da drinnen einen Stuhl, den man in ein Bett verwandeln kann, und das Wasserglas füllt sich von selbst."

Kleine Geschichten, die Kindern helfen

„Wahnsinn", dem Jungen blieb vor Staunen der Mund offen stehen."

Als Ludwig zur Anmeldung zurückkam, hatte seine Mutter schon die Jacken geholt. Die Schwester schenkte ihm ein kleines Spielzeug, weil er so tapfer gewesen war. Und ein Buch über das Zähneputzen. „Auf Wiedersehen", sagte Ludwig und trat auf die Straße. Erleichtert darüber, dass alles gut gegangen war, spazierten sie nach Hause.

Claudia Weinhapl

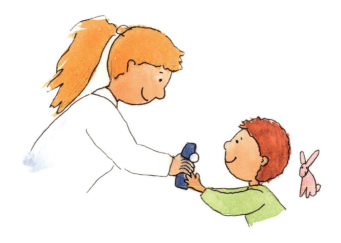

Das Krankenhausgespenst

Vorsichtig zog Serena die schwere Tür auf. Dunkel lag die Treppe vor ihr, und dort unten wartete der Keller auf sie. Feucht und kühl war es da unten und pechschwarz. Serena war fünf und fürchtete sich wie alle Kinder vor der Dunkelheit. Sie stellte sich auf die Zehenspitzen und knipste den Lichtschalter an. Eine nackte Glühbirne warf ihren flackernden Lichtschein auf die grauen Kellerwände. Zögernd ging Serena die Betontreppe hinunter. Ihre Hände krallten sich in die Plastiktüte, die ihre Mutter ihr mitgegeben hatte, um die Kartoffeln einzufüllen. Ihre Knie schlotterten, und mit jedem Schritt wurde es unheim-

Kleine Geschichten, die Kindern helfen

licher. Am Fuß der Treppe angekommen, blickte sie unsicher den Gang entlang. Zu beiden Seiten waren hölzerne Verschläge, die unverschlossen waren. Zu jeder Wohnung im Haus gehörte ein Keller, in dem die Mieter meistens Gerümpel gelagert hatten. Der Verschlag, der Serenas Mutter gehörte, war ganz hinten auf der rechten Seite.

Wie jedes Mal schlug ihr das Herz bis zum Hals, als sie durch den unheimlichen grauen Gang lief. Da begann die einzige Glühbirne im Keller zu flackern und ging dann vollkommen aus. Der ganze Keller war in Dunkelheit getaucht. Serena biss auf ihre Lippen, um einen Schrei zu unterdrücken. Sie konnte nicht einmal die Hand vor Augen sehen, und plötzlich hörte sie ein Rascheln. Erst leise, dann immer lauter. Und immer näher kam es. Sie stand stocksteif, den Mund zu einem stummen Schrei geöffnet, die Hände zu Fäusten verkrampft. Geister! Sie hatte es immer gewusst. Hier unten spukte es. Die Gespenster hatten nur darauf gewartet, dass ein Kind allein ihr Reich betrat, und jetzt würden sie Serena holen.

Das Krankenhausgespenst

„Huuuuh!", hallte es unheimlich von den blanken Wänden, unglaublich verzerrt und fürchterlich.

„Huuuuh!" Panik überkam sie wie eine Flutwelle. Serena drehte sich um und fing an zu rennen. Da schallte lautes Gelächter durch den Keller. Eine Taschenlampe wurde angeknipst, und Serena blieb stehen. Im Lichtkegel konnte sie ungenau das Gesicht eines Mädchens sehen. Also doch keine Gespenster. Misstrauisch trat Serena näher. Jetzt erkannte sie auch, wer ihr den Streich gespielt hatte. Das Mädchen mit den lustigen blonden Zöpfen war Tina. Sie wohnte auch im Haus.

„Hast wohl Angst gehabt?", fragte Tina mit einem Grinsen.

„Nur ein kleines bisschen. Es ist hier so dunkel." Serena war froh, dass sich alles als Jux herausgestellt hatte, und die Erleichterung war in ihrer Stimme zu hören.

„Was machst du denn hier unten, Tina?"

„Ach, Mutti hat Nachtschicht im Krankenhaus. Dann bin ich immer den ganzen Tag bei Oma. Weil Mutti doch schlafen muss. Wenn mir langweilig ist, gehe ich immer auf Entdeckungsreise. Den Keller hier finde ich toll. So gruselig. Und es riecht hier auch so komisch."

Die beiden schlenderten unter dem Schein von Tinas Taschenlampe zum Ende des Ganges. Sie unterhielten sich mit gedämpften Stimmen, und es kam bald heraus, dass beide Mädchen nur bei ihren Müttern lebten. Serenas Vater hatte sich schon vor einem Jahr – kurz nach der Geburt von Serenas Bruder – von ihrer Mutter getrennt, und sie hatte ihn seitdem auch nicht mehr gesehen. Tinas Vater war schon vor vielen Jahren bei einem Autounfall ums Leben gekommen. Tina konnte sich gar nicht mehr an ihn erinnern. Serena zog jetzt die wacklige Holztür auf und ging hinein. Der Kellerverschlag war wirklich winzig. Es war unglaublich, wie Mutti es geschafft hatte, das alte Fahrrad, die Stehlampe, die Autoreifen und hundert Plastiktüten mit Büchern hier unterzubringen. Auf den Wandregalen standen beschriftete Gläser mit eingemachtem Obst und Marmelade, und in der hintersten Ecke lag der Kartoffelsack. Schnell füllte Serena die mitgebrach-

Das Krankenhausgespenst

143

Kleine Geschichten, die Kindern helfen

te Tüte und verließ dann gemeinsam mit Tina den unheimlichen Keller.

Serena war noch ziemlich müde, als ihre Mutter sie am nächsten Morgen im Kindergarten absetzte. Sie beneidete ihren kleinen Bruder Simon, der jetzt noch stundenlang in seiner Wiege schlafen konnte. Gelangweilt beschäftigte sie sich mit den Malbüchern und Legosteinen, aber sie wäre lieber daheim, um mit ihrer neuen Freundin zu spielen. Sie wusste aber auch, dass Tina heute in der Schule war, und das hob ihre Laune etwas an. Dennoch waren ihre Gedanken den ganzen Vormittag bei Tina und selbst als die Kindergärtnerin alle zum Spielen ins Freie mitnahm, hing sie ihren Träumereien nach. Und so war es kaum verwunderlich, dass sie den anderen Kindern ständig im Weg stand, als diese wild im Hof umhertollten.

Serena setzte sich auf eine Schaukel und ließ ihre Beine baumeln. Sie bekam nicht mit, wie direkt hinter ihr zwei Jungs Streit wegen eines Spielzeugautos bekamen und anfingen, sich gegenseitig zu schubsen. Plötzlich fiel einer der beiden gegen

Das Krankenhausgespenst

Serena, sie wurde von der Schaukel geworfen und landete so unglücklich auf dem harten Boden, dass sie sich die Stirn aufschlug. Die Wunde schmerzte fürchterlich und blutete auch ein bisschen. Die Kindergärtnerin nahm Serena sofort mit in ihr Büro und rief von dort aus einen Krankenwagen. Nur zur Sicherheit. Es war zwar wahrscheinlich nur eine Platzwunde, aber mit einer Gehirnerschütterung war nicht zu spaßen. Serena saß kläglich auf dem viel zu großen Stuhl, ein Taschentuch an die Stirn gepresst und wartete. Sie hörte die beruhigende Stimme der Kindergärtnerin nur wie einen leise dröhnenden Wasserfall. Sie hatte solche Angst vor dem Krankenhaus. Opa hatten sie damals auch abgeholt, und sie hatte ihn dann nie wieder gesehen.

Die Sanitäter, die jedoch kurz darauf ankamen, waren zwei freundliche junge Männer, die sie vorsichtig in den Wagen einluden und in das nahe gelegene Krankenhaus fuhren. Als der Doktor in seinem weißen Kittel sich über sie beugte, tat die Wunde schon gar nicht mehr weh. Er leuchtete ihr

Kleine Geschichten, die Kindern helfen

mit einer kleinen Lampe in die Augen und wusch die Wunde mit einer brennenden Flüssigkeit aus. Die ganze Zeit über machte er glucksende Geräusche, die wohl beruhigend klingen sollten, Serena aber an das Geschnatter einer heiseren Ente erinnerten. Als die Untersuchung beendet war und sie mit dem Arzt auf den Korridor hinausging, warteten dort bereits ihre Mutter und Simon, der wie immer in seinem Kinderwagen schlief. Der Doktor lächelte ihre Mutter ermutigend an: „Ich glaube, wir müssen uns keine Sorgen machen. Die Wunde ist nicht so schlimm, dass man sie nähen muss, aber zur Sicherheit würde ich empfehlen, dass Serena eine Nacht hier im Krankenhaus bleibt. Wenn alles in Ordnung ist, darf sie morgen Früh wieder heim."

Aber ihre Mutter sah trotzdem besorgt aus. Serena wusste, dass ihr nicht wohl bei dem Gedanken

Das Krankenhausgespenst

war, ihre Tochter allein im Krankenhaus zu lassen. Sie wäre gerne dabeigeblieben, aber da war ja noch Simon, der seine Mutter brauchte. Und es lebte niemand in der Nähe, der sich um Simon hätte kümmern können. Also versprach ihre Mutter nur, am nächsten Morgen ganz Früh wieder da zu sein.

Das Zimmer war öde und roch nach Desinfektionsmittel. Irgendwie erinnerte es Serena an den Keller. Die Krankenschwester kümmerte sich zwar liebevoll um Serena, aber das Mädchen traute sich doch nicht, ihr zu sagen, dass sie so schreckliche Angst vor der Dunkelheit hatte. Das hörte sich ja gerade so an, als sei sie noch ein Baby.

Als es langsam draußen dunkel wurde, fiel nur noch der schwache Schein von den Straßenlaternen ins Zimmer. Und unheimliche Schatten wurden an die Wände geworfen. Serena hatte die Bettdecke bis zur Nase hochgezogen und schaute ängstlich.

Da plötzlich, ein Rascheln. Serena wurde stocksteif. Gespenster, ganz bestimmt. Sie hatte es immer gewusst. Auch wenn ihre Mutter sagte, dass es keine gab, Serena wusste es besser. Da waren die Keller-

Kleine Geschichten, die Kindern helfen

geister, die Nachttrolle, die in Kleiderschränken übernachteten oder die Kobolde, die immer unter ihrem Bett Blödsinn machten und blitzschnell verschwanden, wenn das Licht angeschaltet wurde. Und deshalb gab es bestimmt auch Krankenhausgespenster. Serena atmete ganz leise und vorsichtig. Vielleicht würde das Gespenst sie übersehen und in ein anderes Zimmer gehen. Aber sie hatte kein Glück. Wieder kam das Rascheln. Näher, immer näher. Jetzt war es schon neben ihrem Bett. Gleich würde sie eine eiskalte Hand packen und ...

Plötzlich ging eine Taschenlampe an, und jemand lachte glucksend. Ein Lachen, das Serena bereits kannte. Tina! Das Mädchen ließ sich auf Serenas Bett fallen und sagte: „Hab ich dich wieder reingelegt!"

„Was machst du denn hier, Tina?", fragte Serena neugierig.

„Meine Mama ist doch Krankenschwester. Als ich dich heute Mittag zum Spielen abholen wollte, habe ich von deiner Mutter gehört, dass du hier im Krankenhaus liegst. Mama hat heute wieder Nacht-

Das Krankenhausgespenst

schicht, und ich habe sie überredet, dass sie mich mitnimmt und hier bei dir schlafen lässt. Weil du doch so viel Angst im Dunkeln hast."

„Jetzt, wo du da bist, hab ich gar keine Angst mehr."

„Hah! Warte nur ab. Ich hab ein paar Gruselgeschichten auf Lager, da werden dir die Knie schlottern und Zähne klappern."

Oliver Höger

Hasenherz

Zu der Zeit, als noch Könige herrschten und tapfere Ritter durch das Land zogen, lebte in einem kleinen Dorf ein Junge mit dem Namen Philipp. Doch alle nannten ihn nur Hasenherz, weil sie glaubten, dass er feige sei. Ein Waschlappen, ein Muttersöhnchen, eine Heulsuse.

Stimmt. Philipp fürchtete sich vor vielen Dingen, und anders als die anderen gab er das sogar zu. Eigentlich haben nämlich alle Menschen vor irgendetwas Angst. Nur tun die meisten so, als wüssten sie gar nicht, was Angst ist. Dann lachen sie oder machen Scherze darüber, und am lautesten lachen sie über den, der seine Angst zugibt. Doch wenn man genau hinhört, bemerkt man die Angst in ihrem Lachen und die Furcht hinter ihren Scherzen.

Dabei wollte Philipp nichts lieber, als Ritter zu sein. Auch das hatte er dummerweise den anderen erzählt. Und ihnen damit Gelegenheit gegeben, noch mehr über ihn zu lachen. Ritter Hasenherz nannten sie ihn nun.

Wenn wieder einmal Ritter in glänzenden Rüstungen auf starken schwarzen Streitrössern durch das Dorf zogen, ein knatterndes Banner in den Wind haltend, blitzende Schwerter an der Seite, dann riefen die Kinder: „He Ritter, ihr habt einen der euren vergessen. Da drüben der Schweinehirt Ritter Hasenherz!"

Manchmal hielten die Ritter die Pferde an, sahen herüber zu der Weide, auf der Philipp stand und begannen, laut zu lachen: „Ritter Hasenherz! Das ist gut! Ha Ha. Das ist wirklich komisch!"

Dann stand Philipp dort inmitten der Schweine und Ferkel, versteckte sein Holzschwert schnell unter dem schmutzigen Rock und wurde rot.

In dem Dorf gab es drei Jungen, die sich *Furchtlose Ritter* nann-

Kleine Geschichten, die Kindern helfen

ten. Ihr Mut bestand allerdings darin, kreischende Katzen vor sich herzujagen, kleine Kinder zu verprügeln oder ganz mutig große Steine auf kleine Tauben zu werfen. Sie hießen Wolfgang, Heinrich und Roland. Wolfgang war der Anführer, weil er der Stärkste war und am lautesten brüllen konnte. Alle Kinder hatten Angst vor ihnen. Auch Philipp.

Und trotzdem oder gerade deshalb hätte Philipp alles gegeben, einer der furchtlosen Ritter zu werden. Und so ging er eines Tages zu ihnen, nahm all seinen Mut zusammen und sagte: „Ich will bei euch mitmachen."

Die drei stießen sich gegenseitig die Ellenbogen in die Rippen, und Heinrich prustete los: „Was? Hasenherz! Du willst bei uns mitmachen?"

Roland lachte ebenfalls: „Was willst du? Mit deinem Zähneklappern unsere Feinde vertreiben?"

Nur Wolfgang blieb still, besah sich Philipp genau und sagte: „Nun, wenn einer genug Mut aufbringt, dann müssen andere Ritter ihn in ihre Runde aufnehmen." Philipps Herz schlug schneller, so aufgeregt war er.

Hasenherz

„Aber Hasenherz ist nicht mutig!", schnaubte Roland.

„Dann muss er es beweisen", antwortete Wolfgang.

„Und wie?", wollte Heinrich wissen.

Wolfgang sah zur Stadtmauer hinauf, dann grinste er böse in sich hinein, drehte sich um und sagte mit ernstem Gesicht: „Er muss eine Mutprobe machen. Er muss von der Stadtmauer springen."

Philipp schluckte. Die Stadtmauer war dreimal so hoch, wie Philipp groß war. Vielleicht sogar viermal. Der Gedanke, von ihr herunterzuspringen, jagte ihm eine Riesenangst ein. Doch weil er sich schon so weit vorgewagt hatte und wusste, dass er nie wieder den Mut finden würde, noch einmal nachzufragen, stimmte er der Mutprobe zu.

Gemeinsam stiegen sie die abgetretenen Steinstufen zur Stadtmauer hinauf. Mit jedem Schritt wurden Philipps Beine schwerer. Es schien, als wollten sie ihn auf den Boden zurückziehen. Doch Philipp ging weiter. Stufe für Stufe. „Also los!", sagte Roland.

153

Philipp trat an den Rand der Mauer und sah über seine Schuhspitzen hinab zum Boden. Wenn die Mauer von unten schon hoch aussah, von hier oben betrachtet, war sie riesig.

„Mach schon!", drängte Heinrich. Philipp sah noch einmal hinab, der feste Lehmboden dort unten begann, sich zu drehen. Schnell blickte er wieder hoch und ging vorsichtshalber zwei Schritte zurück.

„Ach was, Hasenherz traut sich nicht. Ist eben doch nur ein Angsthase", sagte Wolfgang und wischte mit seiner Hand abschätzig durch die Luft.

„Natürlich traue ich mich", entgegnete Philipp trotzig, aber mit einem leichten Zittern in seiner Stimme. Wie gerne wäre er jetzt einfach wieder heruntergeklettert. Wie gerne würde er jetzt bei seinen Schweinen sitzen und die Sonne genießen. Aber es gab keinen Weg zurück. Nicht für ihn. Denn dann würden sie noch viel schlimmere Dinge über ihn sagen.

„Kommt, wir gehen", sagte Wolfgang, und die drei drehten sich um.

Hasenherz

155

„Nein!", rief Philipp. Er schloss seine Augen und ging einen Schritt nach vorne. Dann noch einen. Dann sprang er.

Der Fall dauerte nicht länger, als man bis zwei gezählt hat, doch Philipp kam es wie ein unendlicher Flug vor. Er riss die Augen auf, sah den Kirchturm wanken, schon stürzten sich die Bäume über ihn, dann verschluckte die graue Stadtmauer den strahlend blauen Sommerhimmel. Sein Bauch ruckte hoch bis zum Hals, die Arme ruderten durch die Luft, und seine Füße suchten Halt, wo doch keiner war. Erst hinter sich, dann über sich hörte er die Stimmen der furchtlosen Ritter. „Der Spinner hat es wirklich getan", sagte jemand.

„So'n Idiot", grunzte einer.

„Das gibt Ärger, lasst uns verschwinden!", rief ein anderer.

Was gibt Ärger?, fragte sich Philipp. Ein so schöner Flug? Dass er gesprungen war? Oder etwa, dass er seinen Mut bewiesen hatte? Von nun an würde ihn niemand mehr Hasenherz nennen. Ganz bestimmt nicht.

Hasenherz

Und während all das in seinem Kopf herum ging, fanden seine Füße wieder Halt. Festen Boden. Doch dann schob und drückte der Rest seines Körpers hinterher. Diese Wucht war zuviel für die Füße eines kleinen Jungen.

Ein Fuß knickte um, und ekelhafter Schmerz jagte durch sein Bein, seinen Bauch und seine Brust. Genau dort verwandelte sich der Schmerz in einen Schrei, der nun laut und elend über den Dorfplatz schallte. Philipp fiel um und schrie, und sein Fuß steckte merkwürdig fremd an seinem Bein. Philipp brüllte. Er war überrascht, dass die drei furchtlosen Ritter so plötzlich fortliefen. Nur Wolfgang blieb kurz stehen, sah herunter und drohte mit der Faust: „Zu keinem ein Wort."

„Na, bin ich mutig?", fragte Philipp, als er zu Hause auf dem Strohbett lag.

„Das war nicht mutig, das war nur dumm", antwortete sein Vater, während die Mutter einen Stock mit etwas Hanfseil um Philipps Fuß band. In dem Dorf gab es keinen Arzt, und so mussten die Menschen sich selbst helfen.

Kleine Geschichten, die Kindern helfen

„Wer soll jetzt auf die Schweine aufpassen?", schimpfte die Mutter.

„Das kann ich doch ..." Weiter kam Philipp nicht, denn wieder raste der Schmerz durch seinen Körper, und erneut endete er in einem Schrei.

„Du? Du wirst für Wochen liegen müssen!", sagte sein Vater enttäuscht und ging hinaus. Die Tür flog krachend hinter ihm zu.

„Du musst Papa aber auch verstehen", tröstete die Mutter, „er hat vollkommen Recht: Wer soll die ganze Arbeit machen, wenn du krank bist? Wie kommst du nur auf eine so dumme Idee?" Dann wandte auch sie sich ab. Aber Philipp verriet nichts.

Wochenlang blieb Philipp liegen. Niemandem erzählte er, warum er gesprungen war. Draußen wurde es immer wärmer und während die anderen Kinder zum See herunter gingen, lag Philipp im Bett. Als die Kinder die ersten Birnen pflückten, lag Philipp im Bett. Er lag den ganzen Sommer. Und verriet nichts. Erst als die frühen Herbstnebel kamen, traute er sich aufzustehen. Und knickte sofort um.

Hasenherz

Seine Knochen waren schlecht zusammenge-wachsen. Der Fuß saß so krumm am Bein, dass Philipp eine Krücke brauchte. Und Philipp verriet nichts.

Dann ging er das erste Mal nach vielen Wochen wieder nach draußen. Auf der anderen Seite des Dorfplatzes standen die drei furchtlosen Ritter. „Hallo!", rief Philipp, doch sie schienen ihn nicht zu sehen. Er hinkte auf sie zu.

„Ich habe euch nicht verraten", sagte er stolz. „Ich habe die Mutprobe bestanden, jetzt bin ich einer von euch."

Wolfgang sah mit einem grimmigen Gesicht an ihm herunter. „Was sollen wir denn mit einem Krüppel? Es gibt keine Ritterkrüppel mit einem Hinkefuß." Lachend gingen sie weg und ließen Philipp allein auf dem Platz stehen.

Von nun an hütete Philipp wieder jeden Tag die Schweine. Allein. Genau wie früher, nur eben mit einer Krücke und einem Hinkefuß. Und richtig: Niemand nannte ihn mehr Hasenherz. Hinkefuß riefen jetzt hinter ihm her. Das Wort fraß sich

Kleine Geschichten, die Kindern helfen

schmerzvoll in sein Herz. Hinkefuß. Hinkefuß! Hasenherz Hinkefuß!

An diesen einsamen Tagen hatte er viel Zeit nachzudenken. Er würde nie wieder laufen können, wie andere laufen. Und ein Ritter könne er schon gar nicht mehr werden. All das nur, weil er nicht Nein gesagt hatte. Er wünschte sich, jenen dummen Tag noch einmal erleben zu können. Ja, heute würde er alles anders machen. Heute würde er Nein sagen. Ach was, er würde ihnen das Nein entgegenschreien. Doch es war zu spät. Viel zu spät.

So ging er eines abends von der Weide nach Hause. Als er über den Dorfplatz kam, sah er unter der Linde die furchtlosen Ritter stehen. Sie zwangen einen kleinen Jungen, aus der Viehtränke zu trinken. Immer wieder stießen sie seinen Kopf in das Wasser, in das eben noch Hunde und Schweine gesabbert hatten. „Wenn du genug getrunken hast, wirst du diese kleine Ratte verspeisen", sagte Roland und schwenkte eine tote Ratte an ihrem Schwanz.

„Nein, bitte nicht", flehte der Junge.

„Willst du lieber lebende Spinnen essen?", fragte Wolfgang und grinste.

„Bitte", flehte der Junge.

Nur ein paar Schritte entfernt stand eine Gruppe Kinder. Entsetzt und neugierig betrachteten sie, was mit dem Jungen geschah. Jeder einzelne von ihnen war froh, dieses Mal verschont zu bleiben. Doch keiner half dem kleinen Jungen.

„Nein!", ertönte plötzlich Philipps Stimme ungewohnt fest und laut über den Dorfplatz. Schnell schob er sich auf seiner Krücke durch den Staub. „Lasst ihn in Ruhe, sonst …"

„Sonst was?" Die drei kamen verächtlich grinsend auf Phillipp zu. „Willst du uns mit deiner Krücke schlagen, Hinkefuß?", sagte Roland.

Und Wolfgang fragte: „Oder willst du uns etwa verraten? Dein Fuß interessiert doch schon längst keinen mehr."

Kleine Geschichten, die Kindern helfen

„Ich werde euch nicht verraten, denn ich habe euch mein Wort gegeben. Aber ich werde euch notfalls mit meiner Krücke verprügeln. Das schon!", sagte Philipp.

„Na, dann komm doch, Hinkefuß, und hol dir eine Abreibung", drohte Heinrich Fäuste schwingend.

„Du hast doch Angst!", rief Roland und hob einen Stein auf.

„Ich habe Angst, aber wenn es sein muss …", sagte Philipp und hinkte auf die drei zu. Doch weit kam er nicht.

„Wer auch in größter Not sein Wort nicht bricht, wer den Mut hat, Nein zu sagen und wer seiner Angst ins Auge blickt, der ist wahrhaft ritterlich." Den furchtlosen Rittern standen die Münder weit offen. Philipp drehte sich um. Hinter ihm saß auf einem glänzenden schwarzen Hengst der König. In ihrem Streit hatte keines der Kinder bemerkt, dass er sich ihnen genähert hatte.

„Ich? Ich bin – ritterlich?" Philipp konnte kaum glauben, was er eben gehört hatte.

162

Hasenherz

„Oh ja, ich wünschte, einige meiner Ritter hätten deinen Mut", antwortete der König.

Philipp sah an sich herab. „Aber mit einem Hinkefuß kann man kein Ritter werden", murmelte er.

„Man kann damit keine Rüstung tragen", entgegnete der König, „doch du, du bist ein Ritter im Herzen. Du hast ein wahres Löwenherz."

„Aber ihr", jetzt wandte sich der König den drei furchtlosen Rittern zu, „ihr seid dümmer als die Schweine auf der Weide, feiger als eine Schar Hüh-

Kleine Geschichten, die Kindern helfen

ner und gemeiner als ein Frettchen." Schnell ließen die drei ihre Holzschwerter hinter ihren Rücken verschwinden und wurden so rot, dass man glaubte, ihre Köpfe würden gleich platzen. „Wenn ich noch einmal höre, dass ihr euch Ritter nennt, werde ich euch für mindestens eine Woche in das dunkelste Verlies sperren, das es in meiner Burg gibt." So schnell wie jetzt hatte man die drei noch nie fortlaufen sehen.

Mit einem Lachen wendete der König sein Pferd und ritt davon.

Als Philipp am nächsten Morgen die Schweine auf die Weide trieb, da war es ihm, als habe er hinter sich Kinder gehört, die sagten: „Guck mal, da geht Löwenherz!"

Michael Engler

Prinz von der Meulen

Rudolph-Eugenius, Prinz von der Meulen war gerade vier Jahre alt, als sein Vater ihn zur Seite nahm und ihm verkündete, dass sie umziehen mussten. Sein Vater war Pilot bei der Lufthansa, und da der Flughafen in der Nähe von Köln aufgelöst wurde, würden sie nach München ziehen. Dort lebten auch Rudis Großeltern. Rudi grauste es schon davor, in einen neuen Kindergarten zu kommen. Hier hatte er sich schon an die Hänseleien gewöhnt und daran, dass ihn alle Prinzenrolle nannten. Er hasste seinen Namen, aber eine alte Tradition sah vor, dass grundsätzlich der erstgeborene Sohn Rudolph-Eugenius heißen musste. Sein Vater hatte Glück gehabt und war als zweiter Sohn mit dem Namen Frederik davongekommen. Rudi war sich sicher, dass er im neuen Kindergarten wieder die gleichen Sticheleien erdulden musste.

Nachdenklich saß er vor dem Haus, als seine große Schwester Sophie sich neben ihn setzte. Sie spür-

Kleine Geschichten, die Kindern helfen

te, dass Rudi traurig war und als er sich ihr anvertraute, versuchte sie, ihn aufzumuntern.

„Das wird bestimmt toll. Das neue Haus haben wir ganz für uns allein. Jeder hat sein eigenes Zimmer, und ein großer Garten ist auch dabei. Vielleicht bekommen wir sogar einen Hund. Ich hätte so gerne einen."

Aber all das konnte Rudis Laune nicht verbessern.

An einem Freitag, zwei Wochen später, fuhr er mit seinen großen Schwestern Sophie und Cora und den Eltern nach München. Das große Auto war bis unter das Dach vollgestopft mit Koffern. Seine Eltern und Schwestern waren in freudiger Erwartung, aber Rudi ließ sich nicht davon anstecken. Er fürchtete sich vor dem kommenden Montag, wenn er zum ersten Mal in den neuen Kindergarten musste und konnte sich über das tolle Haus, das sie neu bezogen, gar nicht richtig freuen.

166

Prinz von der Meulen

Das Auto war vor dem neuen Haus noch nicht zum Stehen gekommen, als Sophie und Cora schon die Türen aufrissen und ausstiegen.

Jede wollte als erste ins Haus, um sich das beste Zimmer herauszusuchen. Rudi kam ihnen langsam nach. Wenn nur alles mit dem Kindergarten klappte, dann war ihm egal, welches Zimmer er bekam. Dann würde er selbst in der Besenkammer schlafen.

Wie es sich herausstellte, bekam er aber ein schönes Zimmer im ersten Stock. Die Fenster waren viel größer als früher, und die Sonne strahlte mit voller Kraft herein und erhellte den Raum. Mit den Strahlen der Sonne wurde auch Rudis Stimmung besser. Als dann der Umzugswagen eine Stunde später eintraf, hatten sie alle Hände voll zu tun. Den ganzen Mittag waren Rudi, seine Eltern und Schwestern damit beschäftigt, die unzähligen Kartons mit Kleidern, Haushaltswaren und Geschirr ins neue Haus zu bringen. Als Rudi schließlich seine Spielsachen in einer Ecke gestapelt hatte, war es schon dunkel geworden. Müde fiel er in sein neues Bett und schlief bis zum nächsten Morgen.

Kleine Geschichten, die Kindern helfen

Am Samstag ging es weiter mit den Aufräumarbeiten, und die Zeit verging wie im Fluge. Wie das ganze Wochenende, das viel zu schnell vorbei war und als er am Montag Morgen um acht Uhr mit seiner Mutter im Kindergarten stand, klopfte ihm das Herz bis zum Hals.

Doch es erwartete ihn eine Überraschung. Die Kindergärtnerin war eine hübsche junge Frau, die ihn freundlich anlächelte und fragte: „Wie heißt du denn?" Obwohl sie seine Anmeldekarte mit dem vollständigen Namen in den Händen hielt. Das war eine einmalige Chance. Seine Mutter begann schon mit „Rudol..." als er schnell sagte: „Rudi. Einfach nur Rudi."

„Also gut, Rudi. Komm mit, dann stelle ich dich der Gruppe vor. Wir haben noch zwei Neue, die auch gerade erst angekommen sind."

Bereitwillig ließ sich Rudi von der netten Kindergärtnerin an der Hand nehmen und folgte ihr in das große Spielzimmer. Ein gutes Dutzend Kinder war in dem hellen Raum schon eifrig mit Malen und Puzzeln beschäftigt, und sie blickten neugierig

Prinz von der Meulen

auf, als sich Rudi neben die beiden anderen Neuen stellte. Zu seiner Freude waren die Kinder weniger an ihm interessiert, als an den beiden anderen. Diese waren nämlich Geschwister aus Sri Lanka mit dunkler Hautfarbe und großen braunen Augen. Sie hörten auf die Namen Sultan und Fatima und hatten noch viel mehr Angst vor dem Kindergarten als Rudi selbst. Es dauerte auch wirklich nicht lange, bis die anderen Kinder anfingen, sich über Sultans Namen lustig zu machen. Die Geschwister standen unsicher abseits, während alle anderen fröhlich weiterspielten. Rudi, der Mitleid mit den beiden hatte, gesellte sich zu ihnen. Es stellte sich gleich heraus, dass Fatima und Sultan kaum Deutsch sprachen, sondern außer ihrer Muttersprache nur noch etwas Englisch. Rudi hatte von seinem Vater ein paar Brocken Englisch gelernt, was ihm jetzt

169

sehr half. Mit einem Gemisch aus zwei verschiedenen Sprachen konnte er sich einigermaßen mit ihnen unterhalten. Die beiden waren wirklich sehr nett, und nach kürzester Zeit spielten die drei Neuen zusammen, als kannten sie sich schon seit Jahren.

Nach diesem ersten Tag ging Rudi erleichtert heim und freute sich schon darauf, seine neuen Freunde am nächsten Tag wieder zu treffen.

Jetzt, nachdem die ganze Anspannung und Angst der letzten Wochen wie weggewischt war, konnte er sich auch richtig über das neue Haus freuen. Es war praktisch eine alte Villa mit unzähligen Zimmern und Ecken, runden Fenstern und Erkern, fast wie ein kleines Schloss. Die Fassade war stellenweise abgebröckelt, Dachplatten fehlten, und manche Fenster schlossen auch nicht mehr richtig, aber seine Eltern hatten schon eine Firma beauftragt, die schlimmsten Mängel in den nächsten Tagen zu beseitigen. Der Garten hinter dem Haus war wirklich eine Wucht. Er war so groß wie drei Fußballfelder mit kurz geschorenem Rasen und

Prinz von der Meulen

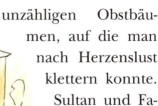

unzähligen Obstbäumen, auf die man nach Herzenslust klettern konnte. Sultan und Fatima würden Augen machen, wenn er ihnen irgendwann das Grundstück zeigte. Vielleicht nach den Renovierungsarbeiten.

Auch seine Schwestern kamen begeistert aus der Schule zurück. Alles war so anders als in Köln, und auch wenn sie etwas Probleme mit dem Dialekt hatten, so gefiel es ihnen doch hier viel besser, und keiner trauerte ihrem alten Wohnort nach. Rudi konnte förmlich spüren, wie erleichtert seine Eltern darüber waren, dass es den Kindern hier so gefiel.

In den nächsten Wochen wurde die Freundschaft zwischen Rudi, Fatima und Sultan immer enger, und sie konnten sich auch viel besser unterhalten, weil Rudi den beiden jeden Tag deutsche

Wörter beibrachte. Auch die anderen Kinder hatten die drei Neuen inzwischen akzeptiert, und die Hänseleien hatten von alleine aufgehört.

Eines morgens konnte dann Rudi seine Kindergartenkameraden zu einem Einweihungsfest einladen. Die Renovierung der Villa war abgeschlossen und um dies zu feiern, hatten seine Eltern beschlossen, eine Gartenparty zu geben.

An besagtem Samstagnachmittag fanden sich dann Dutzende von Kindern aus Rudis Kindergarten und Coras und Sophies Schule ein, um bei Grillwürsten und Limo zu feiern. Auch Rudis Großeltern waren gekommen und saßen majestätisch zu Tisch. Besonders Oma Charlotte war sehr stolz auf den Adelstitel und ließ keine Gelegenheit aus, dies zu verkünden. Rudi stöhnte innerlich auf, als sie wieder eine ihrer uralten Geschichten erzählte. Er hoffte nur inständig, dass keine Eltern aus dem Kindergarten zuhörten, sonst würden die Hänseleien bestimmt wieder anfangen.

Er setzte sich schnell mit Fatima und Sultan ab, um ihnen das Haus zu zeigen. Nachdem sie den ersten Stock hinter sich gebracht hatten, führte sie Rudi in den Speisesaal. Dabei flüsterte er ihnen leise zu: „Es heißt, dass es hier spukt. Und Geheimgänge gibt es wohl auch." Fatima fuhr ein kalter Schauer über den Rücken, und auch ihr Bruder schaute sich nervös über die Schulter. Der Speisesaal war ein sehr großer, förmlich wirkender Raum. Die Wände waren nicht tapeziert, sondern mit Holz eingefasst, sodass das Zimmer sehr dunkel und unheimlich aussah. Die Sonne drang nur schwach durch die verdunkelten Scheiben, und unheimliche Schatten tanzten in den Ecken. Die langen Vorhänge wehten sanft wie Schleier, angetrieben durch die Zugluft der undichten Fenster. Da – ein Geräusch. Der Türknauf bewegte sich. Sultan war steif vor Schreck, Fatima schloss die Augen, und selbst Rudi hatte jetzt auf einmal ein ungutes Gefühl.

Vom Garten her drang leise und undeutlich Stimmengewirr von der Party, aber sie waren hier ganz allein im Haus. Niemand würde ihr Schreien hören. Die Tür schwang langsam und knarrend auf, und im Türrahmen erschien ... Oma Charlotte.

Kleine Geschichten, die Kindern helfen

„Rudolph-Eugenius, wo steckst du denn schon wieder? Du musst dich doch um deine Gäste kümmern. Ein Prinz von der Meulen hat Pflichten, mein Junge."

Rudi war erleichtert, dass es nur die Großmutter war, aber gleichzeitig nervte es ihn gewaltig, dass sie ihn vor seinen Freunden mit seinem vollen Namen ansprach.

„Komm nur schnell, Rudolph-Eugenius", säuselte seine Großmutter.

Prinz von der Meulen

Fatima sah Oma Charlotte verständnislos an, und auch ihr Bruder schaute verwundert drein. Dann nahm sich das Mädchen aus Sri Lanka ein Herz und fragte:

„Wieso sagen Rudolph-Eugen? Er heißen Rudi!"

Oma Charlotte hatte dafür kein Verständnis. Sie schüttelte nur nachsichtig den Kopf.

„Papperlapapp! Rudolph-Eugenius, Prinz von der Meulen ist sein Name. Rudi! So ein Unsinn! Wer will schon so heißen!"

„Ich, Oma!" schrie Rudi sie an. „Denn Rudolph-Eugenius kann ich nicht mehr hören. Immer schon werde ich deswegen geärgert! Aber damit ist jetzt Schluss. Ab heute heiße ich nur noch Rudi." Und dann rannte er an ihr vorbei und ließ eine völlig verblüffte Großmutter zurück.

Als sich kurze Zeit später die Party auflöste und die letzten Gäste gegangen waren, blieben nur noch Rudis Großeltern da.

Ehe sie in ihr riesiges Auto stiegen, blickte Oma Charlotte ihren Enkel nochmals ganz tief in die Augen und lächelte dann.

175

Kleine Geschichten, die Kindern helfen

„Also, Rudi, dann bis zum nächsten Mal!" Rudi beugte sich vor, küsste ihre Wange und lächelte zurück. Alles wird gut, dachte er. Es braucht nur manchmal seine Zeit.

Oliver Höger

Die Autoren

Michael Engler wurde 1961 in Niedersachsen geboren. Genau dort, wo der Himmel so weit ist, dass man ihn am liebsten vollzeichnen möchte und die Landschaft so leer, dass man sie mit Geschichten vollstellen kann. Heute lebt und arbeitet er in Düsseldorf.

Oliver Höger, Jahrgang 1968, ist verheiratet und Vater eines Sohnes. Er ist als Industriekaufmann tätig und schreibt in seiner Freizeit Geschichten für Kinder.

Claudia Weinhapl wurde 1978 geboren und studiert Theaterwissenschaft, Anglistik und Amerikanistik. Geschichten schreibt sie bereits seit ihrer Kindheit.

Die Illustratorin

Ines Markowski wurde 1971 in Sonneberg geboren. Sie absolvierte eine Ausbildung zur Mediendesignerin und war 10 Jahre als Grafikdesignerin in der Werbung tätig. Seit Anfang 2003 arbeitet sie als freischaffende Grafikerin, Illustratorin und bildende Künstlerin.

In dieser Reihe ist neu erschienen:

ISBN 3-8112-2396-8

Für Kinder nur das Beste

- Die besten Märchen der Gebrüder Grimm 3-8112-1787-9
- Meine schönsten Hasengeschichten 3-8112-1788-7
- Die schönsten Kinderreime,
  Fingerspiele und Spaßverse 3-8112-1786-0
- Peterchens Mondfahrt 3-8112-1789-5
- Alte und neue Kinderspiele 3-8112-1782-8
- Rätselspaß und Scherzgeschichten 3-8112-1781-X
- Meine allerschönsten
  Tiergeschichten 3-8112-1779-8
- Meine kleine farbige Kinderbibel 3-8112-1780-1
- Meine schönsten Kinderlieder 3-8112-1760-7
- Kindergebete für alle Tage 3-8112-1759-3
- Kleine Schlummergeschichten 3-8112-1758-5
- Kleine Kuschelgeschichten 3-8112-1757-7
- Meine allerschönsten Märchen 3-8112-1939-1
- Die schönsten Ideen für Kinderfeste 3-8112-1940-5
- Meine schönsten Geschichten
  zur Guten Nacht 3-8112-1938-3
- Meine ersten Hexengeschichten 3-8112-1941-3

je 192 Seiten, durchgehend farbig illustriert, Format 12,8 x 16,4 cm

Fantasievoller Vorlesespaß

ISBN 3-8112-2423-9

Watze sind kleine Kobolde mit grünen Haaren, die normalerweise unsichtbar sind. Doch Luisas Watz hat in ihrem letzten Traum seine Zipfelmütze verloren und wird nun sichtbar. Ein großes Abenteuer beginnt ...

ISBN 3-8112-2424-7

Das kleine Meermädchen Atalante geht zusammen mit dem Tintnefisch Pi und dem Meerjungen Blubber auf eine große Reise. Sie will ihre Familie besuchen, die in allen Ozeanen dieser Welt verstreut ist ...

je 96 Seiten, durchgehend farbig illustriert, Format 20,0 x 26,8 cm

gondolino